U0947293

钩沉辑佚，《论》外子曰

孔子还有话说

除了《论语》之外，孔子还说过哪些话？让我们再听孔子说几句，重新认识这位质朴而又诚恳的老师。

林电锋 / 编著

九州出版社
JIUZHOUPRESS

图书在版编目 (CIP) 数据

孔子还有话说 / 林电锋编著. —北京：九州出版社，2018.12

ISBN 978-7-5108-7674-5

I. ①孔子… II. ①林… III. ①孔丘（前 551- 前 479）—哲学思想—研究

IV. ① B222.25

中国版本图书馆 CIP 数据核字 (2018) 第 282821 号

孔子还有话说

作　　者　林电锋 编著

特约编辑　王春永

出版发行　九州出版社

地　　址　北京市西城区阜外大街甲 35 号 (100037)

发行电话　(010) 68992190/3/5/6

网　　址　www.jiuzhoupress.com

电子信箱　jiuzhou@jiuzhoupress.com

印　　刷　北京华创印务有限公司

开　　本　787 毫米 ×1092 毫米　16 开

印　　张　22

字　　数　130 千字

版　　次　2019 年 2 月第 1 版

印　　次　2019 年 2 月第 1 次印刷

书　　号　ISBN 978-7-5108-7674-5

定　　价　68.00 元

序

一个民族的文化自信，是比外在的一切更基本、更深沉、更持久的力量，它发源于历史深处，成长于现实的土壤。对于中华文明来说，文化自信一个公认的重要来源，就是孔子的思想学说。

我非常仰慕孔子，对其生平事迹及语录《论语》非常感兴趣，研究不辍。《论语》由孔子的弟子及其再传弟子编写，全文二十篇，是我国文化思想史上璀璨的明珠。在学习《论语》的过程中，我陆续产生了一些疑问：第一，孔子是怎样学习的？重点学什么？第二，孔子有较强的为政欲望，希望实现心中的理想，他的实际能力如何？第三，孔子创立了儒家，他认为一个真正的儒者应具备哪些品德？第四，孔子倡导的中庸之道，有没有具体的描述？第五，孔子研究《易经》颇深，有没有心得体会？等等。

这些疑问，在《论语》中并没有找到答案。

带着这些疑问，我读了大量春秋及秦汉时期的典籍，终于有了一个发现：在《论语》之外，孔子还有很多话说。这些话微言大义，如同一颗颗价值连城的珍珠散落在典籍的纸页上。如果能捡回这些珍珠，把它们串在一起变成项链，又该发出怎样绚烂的光彩呢？

于是，我不揣浅陋，开始从典籍中搜集整理孔子言论。本着博采约取的原则，我在整理过程中坚持以下的“六从”原则：

一是从儒不从道。以儒家经典为主，如荀子是儒家，庄子是道家，同样的内容选取荀子的。

二是从史不从杂。采用史书如《史记》《汉书》的记载，慎用杂书。

三是从前不从后。选取最接近孔子年代的典籍，最迟不超过汉代。

四是从近不从疏。以孔子的弟子及其嫡传门人记载的为主。

五是从正不从反。采用对孔子正面评价的，如墨子攻讦孔子的言行，一般不采用。

六是从简不从繁。采用简洁明了、短小精悍的，接近《论语》文风的。

在整理过程中，我依照一定的逻辑关系进行结构编排。有人说《论语》的编排是随意的，其实这种看法未能体会作者的苦心。我搜集的内容虽然来自几十部典籍，但按一定的逻辑分为十六篇，每篇自成体系。如《爱亲第一》中，先讲述爱亲的意义和内涵、具体的做法，再论及容易出现的误区、如何实践等内容。为使读者更加明了，我将全书内容概括为“三基五学，三强五行”。

“三基五学”即前八篇，重点是注重个人修养，健全良好人格。“三基”为爱亲、少成、大节，阐述孝道是立身之本，个人要注重从小养成，做人要坚持正确的方向，这些是立身的基石。“五学”为第四至第八篇，每个人都要“明德、守中（道）、行正（直）、知礼（仪）、通变（化）”，这是个人的基本素质。

“三强五行”即后八篇，重点是主动参与社会，展示个人才华。“三强”为第九至第十一篇，要“强学习”，要加强学习；“强交往”，要建立良好人际关系；“强行止”，要像真正的儒者一样，做好自己的事情，积极投身于伟大的社会实践。

“五行”为第十二至第十六篇，人要做到“为公”，春秋精神倡导天下为公；“循法”，既要加强法治，更要奉公守法；“垂范”，像颜回一样具有良好的人格；“能行”，能用则用，不用则行，像孔子一样周游列国；“有为”，学好知识，就要服务社会。

以本人有限的学识，探求博大精深的孔子思想无异于持蠡测海，因此书中肯定会有很多不足之处，恳请读者朋友批评指正！

凡例

一、本书内容分为原文、原文出处、译文、领悟四部分。原文为《论语》以外的典籍中孔子的言行；原文出处是选录的原文的资料来源，有助于读者的深入了解；译文为原文的翻译，如果原文意思比较清楚，尽量不译；领悟是作者对本条内容的点评，有助于读者的理解。

二、辑补孔子的言论，格式仿照《论语》。

（一）统一内文标题。《论语》二十篇内文，是取用每篇文章开篇两三个字做标题。这里也采用这种做法，用每篇文章第一句话的核心词为标题，基本能反映每一篇的主题思想，如《爱亲篇》开头为“子曰：‘爱亲者，不敢恶于人。’”就采用“爱亲”两字为篇名。

（二）统一相关表述。如文句中的“仲尼曰”“孔子曰”“夫子曰”，统一为“子曰”；“孔子闻之说”或“故孔子曰”，也统一为“子曰”。

（三）统一全书形式。如《礼记·儒行》是独立一篇文章，在本书中略微改动，删节开头部分，每段增加了“子曰”。

三、依照精简原则，对某些言论进行合理整编。

（一）尽量做到原文照录，保持原汁原味。如“子曰：‘《易》其至矣乎！’”

（二）原文较长，或选取前面要点部分，或取其精华内容。如《孝经》：“子曰：‘夫孝，天之经也，地之义也，民之行也……民具尔瞻。’”全文很长，只选取开头部分。

（三）原文很长，内容非常丰富，则按照内容分为几部分，分别加上“子曰”，成为独立部分。如《礼记》：“孔子曰：‘大道之行也，与三代之英，丘未之逮也……是谓小康。’”讲述天下为公、大同和小康思想，分别截取为几个部分，既达到文辞简练、内容集中、利于学习的目的，又不影响原著本来面貌。

（四）注重与时俱进，一些内容于今没有意义的则不录；删节、截取相关内容时，尽量不偏离其本意，不产生歧义或误解。

（五）相似的表述，采用比较精辟的。如《史记 · 孔子世家》：“孔子曰：‘后世知丘者以《春秋》，而罪丘者亦以《春秋》。’”《孟子》：“孔子曰：‘知我者其惟春秋乎！罪我者其惟春秋乎！’”后者表述精辟，更富内涵，故取后者。

（六）孔子的言行，在不同的典籍中的表述往往有所差异，遵循“六从”原则进行选用。如《楚王出游亡弓》一文，在《孔子家语 · 好生》《吕氏春秋·孟春纪》《公孙龙子·迹府》等典籍中，均有记录，按照“从儒不从道，从近不从疏”的原则，采用《孔子家语》的。

目 录

爱亲第一

导读：爱亲，首先是爱父母，敬长辈，爱自己的亲人，并延伸至爱亲朋好友，乃至爱社会、爱国家。爱亲的核心是孝道。爱亲意识的日益淡薄，产生了很多社会问题。因此，必须唤醒人们的爱亲意识，重构家庭和社会。本篇内容主要选自《孝经》《礼记》《荀子》等。

1.1

子曰："爱亲者，不敢恶于人；敬亲者，不敢慢于人。爱敬尽[①]于事亲，而德教[②]加于百姓，刑[③]于四海。盖天子之孝也。"

——《孝经·天子章》

译文

孔子说："能挚爱父母的人，就不会厌恶别人的父母；尊敬父母的人，也不会怠慢别人的父母。以恭敬之心侍奉双亲，而将道德教化推广给百姓，作为治理天下的典范。这就是天子的孝道！"

领悟

孝道是什么？是爱亲。首先要爱父母，赡养好父母，进而尊老敬贤，爱社会的人。不爱自己的父母，却能爱别人，这不是很荒唐吗？

1.2

子曰："夫孝，德之本也，教之所由生也。"

——《孝经·开宗明义章》

① 尽：全部用出，竭力做到。

② 德教：道德教化。

③ 刑：通"型"，法式，典范，榜样。

孔子说："孝是一切德行的根本，也是教化产生的根源。"

孝敬父母既是人的天性，也是天经地义的事情，这是个人道德和品行的核心。不爱自己的亲人，哪有德行可言？

1.3

子曰："夫孝，天之经也，地之义也，民之行也。天地之经，而民是则之。则天之明，因地之利，以顺天下。是以其教不肃[①]而成，其政不严[②]而治。"

——《孝经·三才章》

孔子说："孝道犹如日月星辰的运行，地上万物的生长，是人类生存最根本的品行。天地有其自然法则，人类从中领悟、仿效而遵循它。效法上天那永恒不变的规律，利用大地中的优势，顺乎自然规律对民众施以政教。因此其教化不须峻急施为就可成功，其政治不须严厉推行就能得以治理。"

① 肃：峻急。

② 严：严厉。

古人善于学习，能从大自然中汲取各种知识，指出孝道是天经地义，一切行为的根本。如果每个人都做到了，国家和社会就和谐了。

1.4

子曰：“立爱自亲始，教民睦也。立教自长始，教民顺也。教以慈睦，而民贵有亲。教以敬长，而民贵用命[①]。孝以事亲，顺以听命，错[②]诸天下，无所不行。”

——《礼记·祭义》

孔子说：“欲立爱于天下，应先教育人民爱双亲，就可使人民和睦相处。欲立敬于天下，应教育人民敬兄长，就可使人民懂得顺从。教导人民慈爱和睦，人民就会以侍奉双亲为美德。教导人民尊敬兄长，人民就会以顺从命令为美德。以孝心侍奉双亲，以顺从的态度听从命令。天下人人如此，就不会有办不到的事情。”

如何做到爱亲？必须从小教育孩子爱父母，爱身边的人。现在一些家长总给孩子灌输父母不需要你赡养的理念，我认为是不对的，因为淡化了孩子的责任心，连自己的父母都可以不管，还能管谁呢？古代通过“举孝廉”的方式，考察一个人是否做到孝顺亲长、廉能正直，以此作为

① 用命：效忠，听命。

② 错：通“措”，安放，安排。

当官的基本要求，是很有道理的。

1.5

子曰："昔者明王之以孝治天下也，不敢遗小国之臣，而况于公、侯、伯、子、男[①]乎？故得万国之欢心，以事其先王。治国者，不敢侮于鳏寡，而况于士民乎？"

——《孝经·孝治章》

孔子说："从前圣明的君王是以孝道治理天下的，即便是对小国臣属也不遗弃，更何况是公、侯、伯、子、男五等诸侯了。因此得到诸侯国臣民的欢心，使他们奉祀先王。治理封国的诸侯，即便是对鳏寡之人也不敢欺侮，更何况对他的臣民百姓？"

一个热爱父母的人，也能热爱其他人，热爱这个社会。古代明君正是看到这一点，以孝道治天下，真正将臣民看成父母，无论是什么身份，这个国家还不太平吗？

1.6

子曰："昔者，明王事父孝，故事天明；事母孝，故事

① 公、侯、伯、子、男：五种爵位，是古代皇帝对贵戚功臣的封赐，后代爵称和爵位制度往往因时而异。

地察[①]；长幼顺，故上下治。”

——《孝经·感应章》

孔子说：“从前，明君孝敬父亲，所以能明了上天覆庇万物的道理；孝敬母亲，所以能明察大地孕育万物的道理。理顺长幼秩序，使上下得到治理。”

领悟

老天爷不管“儿女”好坏，像“父母”一样生养着人类。治国理政也是如此，也要像天地一样，对待百姓如“儿女”一般，就像现在称自己为“公仆”，就要勤勤恳恳为民做好服务。

1.7

子曰：“天地之性，人为贵。人之行，莫大于孝。”

——《孝经·圣治章》

孔子说：“按照天地间的自然规律，人类最尊贵。人类的行为，没有比孝道更重要的了。”

① 察：明显，精明。

现在提倡家风建设，就是看到了和谐家庭对事业的重要意义。家庭是幸福的港湾，一个人在社会上拼搏，有一个温暖、健康、向上的家庭做后盾，其成就一定会不小。

1.8

子曰："夫圣人之德，又何以加于孝乎？故亲生之膝下，以养父母日严。圣人因[①]严以教敬，因亲以教爱。"

——《孝经·圣治章》

孔子说："圣人的德行，又有什么能超出孝道的呢？子女敬爱父母在年幼时就产生了，日益懂得对父母尊严的爱敬。圣人依据这种子女对父母尊敬的天性，教导人们对父母孝敬；又因为子女对父母天生的亲情，教导他们爱的道理。"

领悟

孔子说过，如果你再次感受到父母在孩子生病时的心情，就知道提倡孝道的重要性。反过来，为何长大了、成家了，却不孝敬父母呢？你的儿女长大了，也要仿效你吗？

① 因：依靠，凭借。

1.9

子曰："不爱其亲而爱他人者，谓之悖[1]德；不敬其亲而敬他人者，谓之悖礼。"

——《孝经·圣治章》

孔子说："不爱敬父母却爱敬别人的行为，这叫违背道德；不尊敬父母而尊敬别人的行为，这叫违背礼法。"

领悟

做人做事，千条万条，要从爱父母开始，这是孔子千告诫、万叮咛的。因为不爱自己的父母，却爱别人，肯定是虚情假意的。

1.10

子曰："孝子之事亲也，居则致其敬，养则致其乐，病则致其忧，丧则致其哀，祭则致其严[2]。五者备矣，然后能事亲。事亲者，居上不骄，为下不乱，在丑[3]不争。居上而骄则亡，为下而乱则刑，在丑而争则兵。三者不除，虽日用三牲之养，犹为不孝也。"

——《孝经·纪孝行章》

---

① 悖：背离，相冲突。

② 严：庄严，敬慎。

③ 丑：众，卑贱之人。

译文

孔子说：“孝子侍奉父母，日常家居要竭尽恭敬，供奉饮食要表达出快乐，父母生病要极为关切，父母去世料理后事要哀伤，祭祀先人要敬仰肃穆。这五方面做到了，方可称为尽到子女责任。侍奉双亲，身居高位而不骄横，为人臣下而不犯上作乱，在民众中间和顺相处。居高位而骄傲者势必灭亡，在下层而作乱者必遭刑罚，在民众中争斗则会相互残杀。这三项恶事不除，即便对父母天天备有牛羊猪的美味赡养，还是不孝之人。”

孝敬父母，核心是“恭敬”两字。很多人养有宠物，那种全身心投入的精神让人感动。如果对待父母，还比不上自己养的宠物，那就搞笑了。时下，确实有某些人爱宠物甚于爱父母，真是一种悲剧。

1.11

子曰：“五刑之属三千，而罪莫大于不孝。”

——《孝经·五刑章》

孔子说：“处以五种严重刑罚的律令有三千条，最严重的罪是不孝。”

领悟

古人将不孝之罪列为大罪，今天抛弃父母、不赡养父母，却成为常事，得不到应有的惩罚，岂不令人深思吗？

1.12

子曰："君子之教以孝也，非家至而日见之也。教以孝，所以敬天下之为人父者也。"

——《孝经·广至德章》

孔子说："君子教人以行孝道，并不是挨家去推行，也不是天天去面授。教人孝行，是让天下父母都能受到尊敬。"

推行孝道其实很简单，就是让天下的父母都受尊敬。

1.13

子曰："君子之事亲孝，故忠可移[①]于君。"

——《孝经·广扬名章》

译文

孔子说："君子尽心孝道，能把孝心移作对君主的忠心。"

① 移：转移，改移。

道理很简单，孝是忠的基础。古代是忠君，而今是爱父母、爱祖国。

1.14

子曰：“君子之事上也，进思尽忠，退思补过，将顺[1]其美，匡救其恶，故上下能相亲也。”

——《孝经·事君章》

孔子说：“君子侍奉君主，为政时要竭尽忠心，退隐时要自思己过。顺应发扬君主的优点，匡正其过失，如此君臣关系才能融洽。”

作为一个负责任的人，不论在家还是参加工作，步入社会，如果能时时保持“爱亲”的思想，就会收获良好的人际关系。人际关系是成功的基础和前进的动力。

1.15

曾子曰：“敢问子从父之令，可谓孝乎？”子曰：“是何言与，是何言与！昔者天子有争[2]臣七人，虽无道，不失其

① 顺：服从，不违背。

② 争：通“诤”，照直说出人的过错，叫人改正。

天下；诸侯有争臣五人，虽无道，不失其国；大夫有争臣三人，虽无道，不失其家；士有争友，则身不离于令名；父有争子，则身不陷于不义。故当不义，则子不可以不争于父，臣不可以不争于君；故当不义，则争之。从父之令，又焉得为孝乎！”

——《孝经·谏诤章》

曾子说：“请问做儿子的一味遵从父亲，是孝吗？”孔子说：“这是什么话呢？从前，天子身边有七名诤臣，纵使天子无道，也不会失去天下；诸侯身边有五名诤臣，虽然无道，也不会失去地盘；卿大夫有三名直言劝谏的家臣，即使无道，也不会失去家园。读书人有直言劝争的朋友，美好名声就不会丧失；为父亲的有敢于直言力争的儿子，就不会陷于不义。因此在遇到不义之事时，如系父亲所为，儿子要劝争力阻；如系君王所为，臣子要直言谏争。因此对不义之事，一定要谏争劝阻。只是遵从父亲的训令，怎么能算孝呢？”

领悟

生活中要坚持一定的原则，对父母、对亲友、对同事、对上级都一样，该提出合理建议的，要敢于提出，这就是负责任；如果装糊涂，就不地道了。反过来，别人给你合理化建议，良药苦口，你要大度地接受。

1.16

子曰："孝悌之至，通于神明[①]。"

——《孝经 · 感应章》

孔子说："孝悌达到极至，即可通于神明。"

领悟

只要用恭敬的心爱父母、爱亲人，老天爷也会感动和关照的。

1.17

子曰："生事爱敬，死事哀戚，生民之本尽矣，死生之义备矣，孝子之事亲终矣。"

——《孝经 · 丧亲章》

孔子说："双亲在世时要以爱敬之心侍奉，去世时则怀着悲哀之情料理后事，尽到人生应尽的本分。养生送死的大义都做到了，才算是尽到孝子侍奉亲人的义务。"

① 神明：神灵，神祇。

现在很多老年人问题，就是缺少了对老人家的爱敬。家庭养老是最和谐、最温馨的。当我们努力让孩子获得较好的成长空间时，是否也让父母有一个更好的养老环境呢？须知，每个人都会老的啊！

1.18

曾子曰："孝有三：大孝尊亲，其次弗辱，其下能养。"

——《礼记·祭义》

曾子说："孝有三等：大孝者光父耀母，其次是不辱亲名，第三是赡养父母。"

曾子说得好，赡养父母是最基本的孝道。当然，能让父母留下芳名更好。

1.19

子曰："夫孝者，善继人之志，善述①人之事者也。"

——《中庸》

① 述：循着，顺行。

孔子说："孝道，就是善于继承先人的遗志，善于继续先人未完成的功业。"

如果只是让父母日子过得好，这只是小孝。能够实现父母的愿望，才是子女真正的大孝。

1.20

曾子曰："身也者，父母之遗体也。行父母之遗体，敢不敬乎？居处不庄，非孝也；事君不忠，非孝也；莅官[①]不敬，非孝也；朋友不信，非孝也；战陈[②]无勇，非孝也。五者不遂，灾及于亲。敢不敬乎？"

——《礼记·祭义》

曾子说："身体是父母所生的，珍惜自身就是爱敬父母，敢不恭敬吗？平素处事不庄重，是不孝；侍奉君主不忠诚，是不孝；对待工作如儿戏，是不孝；与朋友交往不诚信，是不孝；亲临战阵不勇敢，是不孝。这五样做不到，会祸及亲人。敢不恭敬吗？"

---

① 莅官：上任，到任。

② 陈：通"阵"，战场。

领悟

如何做到爱亲？这里给出了主要路径。首先是珍惜身体、珍爱生命。人身难得，随意糟蹋自己的身体，是严重的不孝。其次，做人端庄大方，做事竭尽全力，对待朋友要讲信用，遇到困难勇往直前，这个人肯定不简单。

1.21

曾子曰：“树木以时[①]伐焉，禽兽以时杀焉。夫子曰：‘断一树、杀一兽不以其时，非孝也。’”

——《礼记·祭义》

曾子说：“树木要按时令砍伐，禽兽要按时令捕杀。孔夫子说过：‘砍断一棵树，捕杀一只兽，不按时令，是不孝。’”

领悟

我们不仅要珍惜自己的身体，还要推己及人，与大自然和谐相处，珍惜大自然的一草一木，珍爱芸芸众生，让人类的居住环境更加友好，这也是大孝。这是很多人需要深刻领会的。

---

① 时：时序，时令。

1.22

子曰："君子弛[①]其亲之过而敬其美。"

——《礼记·坊记》

孔子说："君子不把父母的过错记恨在心，但对其美德却要牢记在心。"

人非圣贤，父母难免有缺点，不要天天惦念父母的不足，而是要善于发现父母的优点，更好地完善自己的人格。

1.23

子路问于孔子曰："有人于此，夙兴夜寐，耕耘树艺，手足胼胝，以养其亲，然而无孝之名，何也？"孔子曰："意者身不敬与？辞不逊与？色不顺与？古之人有言曰：'衣与，缪与，不女聊[②]。'今夙兴夜寐，耕耘树艺，手足胼胝[③]，以养其亲，无此三者，则何为而无孝之名也？意者所友非人邪？"孔子曰："由志之，吾语女。虽有国士之力，不能自

① 弛：放下。

② 聊：依赖，依靠。

③ 胼胝：手脚因劳动而生出厚茧。

举其身。非无力也，势不可也。故入而行不修，身之罪也；出而名不章，友之过也。故君子入则笃行，出则友贤，何为而无孝之名也？”

——《荀子·子道》

子路问孔子说：“有个人早起晚睡，耕地播种，手脚磨出老茧，以此来赡养父母，却没有孝顺名声，为什么呢？”孔子说：“大概是举止不恭敬、说话不谦虚、脸色不温顺吧！古人说：‘给我穿，给我吃，若不恭敬不靠你。’这人早起晚睡，耕地栽植，手脚磨茧，赡养父母，如果没有这三种行为，为何会没有孝顺名声呢？或是他所交之友非仁德之人吧！”孔子又说：“仲由记住，即使有大力士之力，也不能举起自己的身体。这不是没力气，而是客观情势不许可。回到家中品德不修，是自己的罪过；在外名声不显扬，是朋友的罪过。因此，君子在家须品行忠厚，出外则与贤人交友，怎会没有孝顺的名声呢？”

领悟

这是很好一个例子。虽然很辛劳，养好了父母，但是别人却认为他没有孝道，这是什么原因呢？就是缺乏恭敬之心。给父母东西吃，脸色却很难看；在外边工作，一年四季没回去探望父母，电话也不打一个，即使是给父母锦衣玉食，也是不行的。

1.24

孔子之弟子从远方来者，孔子荷杖而问之曰：“子之公不有恙乎？”搏杖而揖之，问曰：“子之父母不有恙乎？”

置杖而问曰："子之兄弟不有恙乎？"戈步而倍[①]之，问曰："子之妻子不有恙乎？"

——《吕氏春秋·孟冬纪》

孔子的弟子凡是从远方来的，孔子扛着手杖问："你的爷爷身体好吧？"然后持杖拱手行礼问："你的父母身体好吧？"然后拄着手杖问："你的兄弟身体好吧？"最后拖着手杖转过身去问："你的妻儿身体好吧？"

领悟

孔子现身说法，每次学生从远方而来，他都会详细了解其家人的情况，并且通过手杖的动作，阐明了孝道的重要性。我们是否也多了解一下父母及家人的健康呢？

1.25

子曰："舜其至孝矣，五十而慕[②]。"

——《孟子·告子下》

孔子说："舜是最孝顺的了，五十岁还那么思念父母。"

---

① 倍：通"背"，用背部对着。

② 慕：思念，怀恋。

我们的老祖宗舜是孝道的楷模，到了知天命之年，还能这么思念父母。请问我们能做到一天、一月及至一年吗？

1.26

曾子曰：“往而不可还者，亲也；至而不可加者，年也。是故，孝子欲养而亲不待也，木欲直而时不待也。”

——《韩诗外传 · 卷第七》

曾子说：“一去而不复返的是父母，节限到了而不能增加的是年寿。所以，孝子虽想多奉养父母几年，但父母的年寿却不等人，如同树木想长得更直一些，但成长时机已过而不再回来。”

领悟

这一条是本篇的核心。须知道，时间是不等人的。爱父母，要从当下做起。现在没条件不怕，能爱敬父母就行。否则，即使你将来条件再好，父母不在了，每年清明祭拜大猪大羊，又有什么用呢？

1.27

子曰：“身体发肤，受之父母，不敢毁伤，孝之始也。立身行道，扬名于后世，以显[①]父母，孝之终也。”

——《孝经 · 开宗明义章》

① 显：使……显耀。

孔子说:“人的身体四肢、毛发皮肤,都是父母赐予的,不敢损毁伤残,这是孝的开始。人在世上修养自己的品行,实践自己的主张,名声显扬于后世,从而也使父母获得显赫荣耀,这是孝的终极目标。”

本篇结语,爱亲即孝道的基础是珍惜身体。有良好的身体,健康的人格,明确的目标,持续的努力,加上一点点运气,你就成功了。你的成功,就是父母的成功。

少成第二

导读：成功，源于一个人的点滴努力。本篇取名“少成”有三义：一是从小养成，注重培养良好习惯；二是积少成多，注重日常善行的积累；三是防微杜渐，要“日三省吾身”，减少负面因素的影响。这样，就能积“少成”为“大成”。本篇内容主要选自《左传》《荀子》《曾子》等。

2.1

子曰："少成若天性，习贯[①]如自然。"

——《汉书·贾谊传》

孔子说："从小养成的东西，就像天赋秉性一样；经常学习并掌握的东西，就像天生本能一样。"

人的成功，需要从小养成良好习惯。良好的习惯是成功的基石。

2.2

子曰："言之无文[②]，行而不远。"

——《左传·襄公二十五年》

孔子说："文章如果没有文采，就不能流传很远。"

这句话有多种意义，可以理解为描述语言或文学。总之，良好的表

① 习贯：习于旧贯，习于故常。

② 无文：言语、辞章没有文采。

达能力是个人的重要素质，而这种素质也是逐步养成的。

2.3

子曰："能补过者，君子也。"

——《左传·昭公七年》

孔子说："能弥补过错的人是君子。"

成功的人，是优点得到彰显、缺点得到弥补的人。当然圣人也有缺点，但圣人之所以成为圣人，就是善于减少自己的缺点。曾子提倡"日三省吾身"，颜回做到"不贰过"，即不重复犯同一错误，给我们提供了典范。谁的缺点和短板少了，谁离成功就越近了。

2.4

子曰："君子不食奸，不受乱，不为利疚于回[①]，不以回待人，不盖不义，不犯非礼。"

——《左传·昭公二十年》

① 回：奸邪，邪僻。

孔子说：“君子不为坏人服务，不接受蛊惑，不因有利而受邪恶的腐蚀，不用邪恶对待人，不袒护不义的事情，不做出无礼的行为。”

君子应是有智慧的人，待人处世必须坚持自己的原则，最基本的是洁身自好。纵观历史，为坏人服务的人，没有一个有好结局。

2.5

子曰：“如垤[①]而进，吾与之；如丘而止，吾已矣。”

——《荀子·宥坐》

孔子说：“即使成绩微小得像蚂蚁洞口的小土堆，只要不断进取，我就赞赏他；即使成绩像山一样大，如果停止不前，我就无语了。”

领悟

人总是希望一锄头挖一口井，须知伟大的事业，都是像蚂蚁挖洞一样开始的。当你挖出哪怕是一点点的泥土，你离成功的距离也缩短了。

① 垤［dié］：蚂蚁洞口的小土堆。

2.6

子贡问于孔子曰："赐为人下而未知也。"孔子曰："为人下者乎？其犹土也。深扣[①]之而得甘泉焉，树之而五谷蕃焉，草木殖焉，禽兽育焉；生则立焉，死则入焉；多其功，而不息德。为人下者其犹土也。"

——《荀子·尧问》

子贡问孔子说："我想谦虚却不知怎样做。"孔子说："对人谦虚吗？要像土地一样。深挖就能得到甘泉，种植五谷就能茂盛生长；草木在繁殖，禽兽在生息；活着站在上面，死了埋在里面；土地的功劳却不自以为有功德。对人谦虚，就要像土地一样。"

孔子说向土地学习，即学习"泥土精神"：土地既有承载万物的优秀品格，又有不居功自傲的卓越品性，其核心就是谦虚。谦虚的人，是品德高尚的人，就能得到更多人的帮助。

2.7

子曰："星之昭昭，不若月之曀[②]曀，小事之成，不若大事之废。君子之非，贤于小人之是也。"

——《晏子春秋·内篇谏下》

---

① 扣［hú］：发掘。

② 曀［yì］：阴天并且有风。

孔子说："星星的光明，不如月亮的阴晦。做小事做成了，不如做大事做不成。君子的缺点，胜过小人的优点。"

要这样理解，要求一个人要从小立志，要有较大的目标和志向。如果定位太低，成就就不大。正如星星再光亮，也比不上月亮的阴暗。

2.8

子夏曰："《春秋》之记臣杀君、子杀父者，以十数矣，皆非一日之积也，有渐而以至矣。"故子夏曰："善持[①]势者，蚤[②]绝奸之萌。"

——《韩非子·外储说右上》

子夏说："仅据《春秋》记载，臣杀君、子杀父的事件就有很多。这些都不是一日之内就积累起来的祸患，而是积久渐成以至于此。"因而子夏说："善于处理各种情势的人，会及早拔除奸邪势力于萌芽中。"

冰冻三尺非一日之寒，好事也行，坏事也罢，都有一个积累的量变

① 持：对待，处理。

② 蚤：通"早"，及早，趁早。

过程。注重好的方面的积累，火候足了就瓜熟蒂落，反之也一样。

2.9

子曰："汤、武非一善而王也，桀、纣非一恶而亡也。三代之废兴也，在其所积。积善多者，虽有一恶，是谓过失，未足以亡。积恶多者，虽有一善，是谓误中，未足以存[①]。"

——《潜夫论·慎微篇》

孔子说："成汤和周武王并非只做了一件好事就当上天子的，夏桀和商纣王也不是只做了一件坏事而导致亡国的。三个朝代的兴亡，都是在于累积。善事如果做得多，偶尔做了一件坏事，只能算是失误，不足以导致灭亡。坏事做多了，偶尔做了一件善事，也只能算是不小心做的，不足以保全自己。"

好人之所以成为好人，并非只做一件好事；坏人之所以成为坏人，也并非只做了一件坏事。好事做多了，人就成为好人；坏事做多了，人就走向毁灭。

---

① 存：保全。

2.10

子曰："善不积不足以成名，恶不积不足以灭身。小人以小善谓无益而不为也，以小恶谓无伤而不去也。是以恶积而不可掩，罪大而不可解①也。"

——《易经·系辞下》

译文

孔子说："不做大量的善事就不能成名，不干大量的坏事就不会灭身。小人认为，一般的好事没多大益处而不去做，一般的坏事没多大伤害而不去改正。所以坏事多了而无法回避责任，罪恶大了也无法得到宽恕。"

领悟

日常生活中，不要计较多做一件好事，哪怕是举手之劳。很多人期盼轰轰烈烈地做一件大好事，立即成为好人、名人，除非英勇献身了，否则并非每个人都有这种机会。

2.11

子路将行，辞于孔子。子曰："赠汝以车乎？赠汝以言乎？"子路曰："请以言。"孔子曰："不强不达，不劳无功，不忠无亲，不信无复，不恭失礼。慎此五者而已。"

——《孔子家语·子路初见》

① 解：解脱，解除。

子路将要外出，向孔子辞行。孔子说："是送给你车呢，还是一些建议呢？"子路说："请给我建议吧。"孔子说："不持续努力就达不到目的，不劳动就没有收获，不忠诚就没有亲人，不诚信就没人信任你，不恭敬就会失礼。慎重做好这五方面就行了。"

当我们习惯于送给子女金银财富时，能否像孔子一样，多送给孩子知识和人生经验呢？须知物质财富有价，精神财富无价。

2.12

子路问于孔子曰："君子亦有忧乎？"孔子曰："君子其未得也，则乐其意，既已得之，又乐其治。是以有终生之乐，无一日之忧。小人者其未得也，则忧不得；既已得之，又恐失之。是以有终身之忧，无一日之乐也。"

——《荀子·子道》

子路问孔子说："君子也有忧虑吗？"孔子说："君子在没得到职位时，就会为自己的抱负而高兴；得到职位后，又会为自己的政绩而高兴，因此有一辈子的快乐，而没有一天的忧虑。小人呢，当他还没得到职位时，担忧得不到；得到职位后，又怕失去它，因此有一辈子的忧虑，而没有一天的快乐。"

追求身心的快乐，是孔子的主要思想。身心的快乐，要体现在学习、工作和生活中，这是生活质量的决定因素。快乐缘于个人的心境，如果心理不健康，一生都得不到幸福。

2.13

子曰：“不观高崖，何以知颠坠之患；不临深泉，何以知没溺之患；不观巨海，何以知风波之患，失之者其在此乎？士慎此三者，则无累[①]于身矣。”

——《孔子家语·困誓》

译文

孔子说：“不看到高高的悬崖，怎么知道从崖顶坠落的灾难呢？不临近深渊，怎么知道沉溺的灾祸呢？不看到大海，怎么知道风浪的灾祸呢？造成过失的原因，难道不在这些方面吗？君子谨慎地对待这三个问题，就不会伤害到自身。”

个人的成长必须有大量的社会实践，要勇于探索和尝试。没有摘下路边的李子尝一尝，哪知道它是不是酸的。

① 累：拖累，使受害。

2.14

哀公问孔子曰："有智者寿乎？"孔子曰："然。人有三死而非命也者，自取之也。居处不理，饮食不节，佚劳过度者，病共杀之。居下而好干上，嗜欲无厌，求索不止者，刑共杀之。少以敌众，弱以侮强，忿不量力者，兵共杀之。故有三死而非命者，自取之也。"

——《韩诗外传 · 卷第一》

鲁哀公问孔子说："有智者能长寿吗？"孔子说："能。人有三种死法与命运无关，是自己招致的：对住所不注意清洁，对饮食不加节制，逸乐和劳累过度的，疾病就是杀手；处下位而好冒犯上司，贪得无厌、追名逐利没有休止的，刑律就是杀手；以少数抗拒多数，以弱小凌辱强大，不自量力偏激做事的，兵器就是杀手。这些死法与命运无关，是自取灭亡。"

领悟

珍惜生命，要从一点一滴做起。日常饮食起居是基础，必须养成良好的生活习惯，才能具备健康的身体。没有健康这个"1"，即使拥有再多的"0"，也是毫无意义的。

2.15

子曰："不慎其前，而悔其后。"

——《韩诗外传 · 卷第二》

孔子说："事前不小心谨慎，事后追悔有什么用呢？"

领悟

每个人面临的不外是工作和生活，孔子所说的与命运无关的三种"自残"方式，如今每天都在发生，如熬夜是很多人的坏习惯，赌博、吸毒更是祸害。每个人要注意日常的点点滴滴，严格要求自己，减少不良习惯，这样就不需要买后悔药，须知后悔药是买不到的。

2.16

曾子曰："君子有三言可贯[①]而佩之：一曰无内疏而外亲，二曰身不善而怨他人，三曰患至而后呼天。"

——《韩诗外传 · 卷第二》

译文

曾子说："君子有三句话要始终记在心中：一是不要对内疏远而对外亲近，二是不要自身不善而埋怨他人，三是不要等到祸患到了而呼唤上天。"

领悟

三句话可归结为一句话，就是要注重平时的一言一行。处理人际关系，无论内外要一视同仁；每件事自己都尽心做了，即使结果不理想也

① 贯：连珠成串，串接在一起。

不会怨天尤人。

2.17

曾子曰："戒之戒之！出乎尔者，反乎尔者也。"

——《孟子 · 梁惠王》

曾子说："警惕警惕！你怎样对待别人，人家就会怎样对待你。"

领悟

出尔反尔，原义很简单，你对付别人是尖刀，人家就会用长矛对付你。要像季布一样，千金一诺，把信用当成自己的生命。

2.18

曾子曰："君子不绝小不殄[①]微也。行自微也，不微人。人知之，则愿也。人不知，苟吾自知也。君子终身守此勿勿也。"

——《曾子 · 子思子》

曾子说："君子不因为善事太小或者不明显就不去做。自己的善行

① 殄：断绝。

应该隐匿，但不隐匿别人的善行。别人知道你的善行，就随别人所愿。如果别人不知道你的善行，只要自己知道就行了。君子要终身恪守这些信念。”

做好这一条有点难。自己的成绩不要表露，要多多彰显同事们的成绩。事实上，你说别人一句好话，就会得到更多的回报，不要担心成绩会被埋没。心量有多大，成就就有多大。

2.19

曾子曰：“君子见利思辱，见恶思诟，嗜欲思耻，忿怒思患。君子终身守[1]此战战也。”

——《礼记·曾子立事》

曾子说：“君子见到好处，要想到可能受到污辱；见到丑恶的东西，要想到会被人骂；想满足某些欲望，要想到可能带来的耻辱；愤怒时，要想到可能带来的不良后果。君子一生要如履薄冰地遵守这几条。”

世上没有无缘无故的爱，也没有无缘无故的恨，同理，也没有无缘无故的利益。能够随时反思，就是顶尖的人物。

① 守：遵守，遵照。

2.20

曾子曰："君子己善，亦乐人之善也；己能，亦乐人之能也；己虽不能，亦不以援①人。"

——《曾子 · 子思子》

曾子说："君子自己善良，也喜欢别人善良；自己能干，也喜欢别人能干；自己虽不能干，也不攀引别人做借口。"

1916 年冬，时在法国的蔡元培接到教育部电，请他回国担任北大校长。对此，多数友人劝蔡拒绝，理由是北大腐败，如果整顿不好会影响自己的名声。而少数友人认为，正因为北大腐败，才更应该去进行整顿，即使失败也算尽了心。蔡元培说，这后一种意见为"爱人以德"，最终启程回国赴任。德，就是品德修养，包括为人善良、正直、进取等，也包括对方追求的目标和境界。君子相交，不应停留在对身份地位、名声财富的关心上，而应进一步促使对方提高品格境界，在世上有一番大的建树。

2.21

鲁城门久朽欲顿②，孔子过之，趋而疾行。左右曰："久

① 援：攀引。

② 顿：倒下。

矣！”孔子曰：“恶其久也。”孔子戒慎已甚，如过遭坏，可谓不幸也。故孔子曰：“君子有不幸而无有幸，小人有幸而无不幸。”又曰：“君子处易以俟命，小人行险以侥幸。”

——《论衡·幸遇》

鲁国的城门长期朽烂，快要倒下来了，孔子经过时疾步快走。身边的人说：“城门坏了很久了。”孔子说：“我怕的就是它坏了很久。”孔子遇事慎重，总像经过这烂城门一样，从不图侥幸。孔子说：“君子不希求侥幸，没有侥幸之事，小人有侥幸之事，所以遇事希求侥幸。”他又说：“君子以平和坦荡的态度等待天命的安排，而小人则冒险投机以求侥幸成功。”

孔子告诉我们，做人做事不能有丝毫侥幸心理。一百次侥幸之中，如果幸运地通过了九十九次，只要一次通不过，就会被朽烂的城门压死。

2.22

子曰：“龙食于清，游于清；龟食于清，游于浊；鱼食于浊，游于清[①]。丘上不及龙，下不为鱼，中止其龟与！”

——《论衡·龙虚》

① 清：《吕氏春秋·举难》作“浊”，可从。

孔子说："龙在清水中觅食，在清水中游动；龟在清水中觅食，在浑水里游动；鱼在浑水中觅食，在浑水中游动。我上不及龙，下不是鱼，三者之间我总能赶上乌龟吧！"

领悟

实际上，孔子是个幽默生动的人，并非天天板着面孔说教。芸芸众生，各有其不同的生存方式，只要找到合适于自己的道路就行。我们不要与龙凤相比，与一只乌龟比赛跑，总是可以的吧。

2.23

子曰："吾于《高宗肜[①]日》，见德之有报之疾也。"

——《尚书大传 · 卷四》

译文

孔子说："我从《尚书 · 高宗肜日》一文中，看到修身养德的回报是何其快了。"

领悟

"高宗肜日"即商高宗武丁祭祀祖宗成汤的事件，主要表现对祖宗的崇敬心理，以及爱护万民的赤子之情。种瓜得瓜，种豆得豆。你种下什么，就会收获什么。如果做到了"广种"，哪怕是"薄收"，也是沉甸甸的。

① 肜［róng］：商代祭祀的名称。

2.24

子曰："行己有六本焉，然后为君子也。立身有义矣，而孝为本；丧纪有礼矣，而哀为本；战阵有列矣，而勇为本；治政有理矣，而农为本；居国有道矣，而嗣为本；生财有时矣，而力[①]为本。"

——《孔子家语·六本》

孔子说："立身行事有六个根本，然后才能成为君子。立身有仁义，孝道是根本；举办丧事有礼节，哀痛是根本；交战布阵有行列，勇气是根本；治理国家有条理，重视农业是根本；掌管天下有原则，选定继位人是根本；创造财富有时机，肯下力气是根本。"

立身处世有六项基本原则，放在今天不一定很恰当。但有一条是共同的，就是做任何事情，都要找到关键性环节，即"牛鼻子"。比如说，与其口里讲仁讲义，不如将父母赡养好。

2.25

子曰："言不文，或时不言。"

——《论衡·儒增》

① 力：力气，力量。

孔子说："话语未经琢磨，有时可以不说。"

言论是一个人的素质体现，如果说话很随便，就是低俗的表现。

2.26

子曰："使地三年乃成一叶，则万物之有叶者寡矣。"

——《论衡 · 自然》

孔子说："如果天地三年才生成一片叶子，那么万物中有叶子的就太少了。"

领悟

反过来说，如果一天长了很多叶子，天地的叶子就太多了。事物都有其生长的特性，人类也一样。

2.27

子曰："君子之道，或出或处，或默或语。二人同心，其利断金。同心之言，其臭[①]如兰。"

——《周易 · 系辞上》

---

① 臭：香气。

孔子说："君子之道，或出山而服务天下，或隐居而独善其身；或沉默，或言语。如果两人同心同德，则没有什么困难不能克服。心意一致的言论，它的气味犹如兰蕙的芬芳。"

领悟

一个人，在社会中能进退随意，就像周瑜一样羽扇纶巾，谈笑间江山变了颜色，这是一种高境界。如果我们做不到，就要善于团结更多的人。

2.28

《诗》云："缗蛮[①]黄鸟，止于丘隅。"子曰："于止，知其所止，可以人而不如鸟乎？"

——《礼记·大学》

《诗经》说："'缗蛮'鸣叫着的黄鸟，栖息在山冈上。"孔子说："连黄鸟都知道它该栖息在什么地方，难道人还不如一只鸟儿吗？"

领悟

这是本篇的点睛之笔。孔子说："连鸟儿都懂得在哪里栖息，为何人还比不上一只鸟呢？"这句话内涵深刻，简单来说，做人要懂得放下，你真正懂得放下了，幸福感就显现了。

① 缗蛮：鸟鸣声。

大节第三

导读：人生的道路该如何走？一是抓主流，即把握好大方向，大的方面必须正确。二是重气节，做一个铁骨铮铮的人，一个正直正义的人，一个充满正能量的人。三是把握度，就是做人做事要处于最佳状态。这是本篇取名“大节”的原因。本篇主要内容选自《谷梁传》《淮南子》《吕氏春秋》《说苑》《论衡》等。

3.1

子曰：“大节是也，小节是也，上君也。大节是也，小节一出焉，一入焉，中君也。大节非也，小节虽是也，吾无观其余矣。”

——《荀子·王制》

译文

孔子说：“大的方面对，小的方面也对，是上等的君主；大的方面对，小的方面有些出入，是中等的君主；大的方面错了，小的方面即使对，我不必再看其余的了。”

领悟

作为一个普通人，在人生的道路上，一定要有一个正确的大方向，如果错了，掉头很难。在日常生活中，虽然有“成大事不拘小节”的说法，但我认为要严格规范自己的一言一行，不能放纵小的问题和缺点，不善行为积累多了就成为大问题、大缺点，就会毁掉一个人。

3.2

子曰：“听远音者，闻其疾而不闻其舒；望远者，察其貌而不察其形。”

——《春秋谷梁传·桓公十四年》

译文

孔子说：“倾听来自远处的声音，只能听到它激扬的声响，却听不到徐缓的音调；遥望远处的景物，只能看到它大致的面貌，却无法看清其细致的形状。”

就像倾听声音或者登高望远，只能隐约听到其音，看到其形，正所谓“大音希声，大象无形”，隐隐约约听到或看到的，才是精彩的世界。

3.3

子曰：“小辩破言，小利破义，小艺破道，小见不达，必简。”

——《淮南子·泰族训》

孔子说：“太烦琐的论辩只会损害真理，太计较小利只会妨害大义，太卖弄小技只会破坏大道，浅薄的见识则无法通达。要想通达大道，就必须简约。”

关注大的方面，就要在日常生活中，不为那些琐碎的事情而烦劳，拿得起、放得下、想得开，不与人家耍嘴皮，不计较蝇头小利，不卖弄一己之长。

3.4

鲁国之法，鲁人为人臣妾于诸侯，有能赎之者，取其

金于府。子贡赎鲁人于诸侯，来而让，不取其金。孔子曰：“赐失之矣。自今以往，鲁人不赎人矣。”取其金，则无损于行；不取其金，则不复赎人矣。子路拯溺者，其人拜之以牛，子路受之。孔子曰：“鲁人必拯溺者矣。”

——《吕氏春秋·察微篇》

译文

鲁国的法令规定，鲁国人在别的诸侯国给人当奴仆，有能赎出他们的，可向国库申请支付赎金。子贡从别的诸侯国赎出了做奴仆的鲁国人，回来后却推辞，不支取赎金。孔子说：“端木赐错了。今后鲁国人不会再赎人了。”支取赎金，对品行并没有损害，反之别人不会再去赎人了。子路救了一个溺水的人，那个人用牛来酬谢他，子路收下了。孔子说：“鲁国人一定会救溺水的人了。”

领悟

子贡善于经商，是一个大富翁。本来想为国家做好事，但好事没做好。这与当今很多事情一样，屡屡将民生好事办成“烂尾”事。究其原因，就是大的方面错了。人都有私欲，合理的私欲不是坏事，如果水变得太清，就没有鱼儿了。

3.5

子曰：“夫至信之人，可以感物也。动天地，感鬼神，横六合，而无逆者，岂但履危险、入水火而已哉！”

——《列子·黄帝篇》

译文

孔子说：“最诚信的人能感化万物，感化天地鬼神，纵横天下而没有阻碍，何止身负危险、出入水火而已。”

做到大的方面对，讲信用是放在第一位的。孔子说：“自古皆有死，民无信不立。”最诚信的人能感天动地，横扫六合，这绝不是夸大之词。

3.6

子曰：“乱之所生也，则言语以为阶。”

——《周易 · 节卦》

译文

孔子说：“变乱之所以生起，言语是阶梯。”

君子要讷于言而敏于行，说话要谨慎，管好这张嘴，不可胡乱说话。历史上很多大事之所以失败，就是因为话多乱说。

3.7

曾子曰：“吾无颜氏[①]之才，何以告汝？虽无能，君子

---

① 颜氏：孔子的弟子颜渊。

务益。”

——《说苑·敬慎》

译文

曾子说：“我没有颜回那样的才能，拿什么来告诉你们呢？虽然没有才能，君子一定致力于提高自己。”

领悟

这是曾子去世前对儿子说的话。他很谦虚，却告诉我们一个极为有用的道理，每个人都要致力于做有益的事情，简单来说就是不要做害人的事情。

3.8

曾子芸瓜而误斩其根，曾皙怒，援大杖击之，曾子仆地；有顷苏，蹶然而起，进曰：“曩[①]者参得罪于大人，大人用力教参，得无疾乎！”退屏鼓琴而歌，欲令曾皙听其歌声，令知其平也。孔子闻之，告门人曰：“参来勿内也！”曾子自以无罪，使人谢孔子。孔子曰：“汝闻瞽叟有子名曰舜，舜之事父也，索而使之，未尝不在侧，求而杀之，未尝可得；小棰则待，大棰则走，以逃暴怒也。今子委身以待暴怒，立体而不去，杀身以陷父，不义不孝，孰是大乎？汝非天子之民邪？杀天子之民罪奚如？”

——《礼记·内则》

① 曩［nǎng］：以往，从前。

曾参给瓜苗培土，不小心锄断了瓜根。父亲曾皙非常生气，拿起大棒敲过去，把曾参打昏在地。一会儿苏醒，他迅速爬起来对父亲说："刚才我做错了事，惹您生气，这么费力教训我，您没有弄伤自己吧？"说完回到屋里弹琴唱歌，故意使父亲听到自己没事，不使父亲难过。孔子知道这件事后，告诉弟子说："曾参来时，不要让他进来！"曾参认为没有错，通过别人了解老师生气的原因。孔子说："你没有听人说过吗？从前瞽叟的儿子舜，服侍父亲，总是随喊随到。后来瞽叟听人挑拨想把舜杀死，舜知道后就跑掉了。像舜那样，父亲一时生气，打他两巴掌就让他打，如果拿大棒子打就逃开，避免在他盛怒之下打出人命来。现在曾参明知父亲盛怒而不跑开，等着父亲打。万一被打死了，岂不是陷父亲于不义吗？还有比这更大的不孝吗？他不是天子的子民吗？如果父亲无辜杀死天子的子民，将是什么样的大罪呢？"

这里很发人深思。什么是大节？父亲不高兴，拿鸡毛掸揍你，就充当个男子汉挨两下，让老爸消消气。如果是拿大棍子，赶紧溜了。一来打伤打死，不是父亲本意；二来让父亲成为暴力典型、犯罪分子，更是天大的不孝。所以，无论是家庭事务，还是社会工作，都要懂得大节，懂得如何做人处事。

3.9

子曰："凡事若小若大，寡不道以欢成[①]。事若不成，则

① 欢成：圆满的结果。

必有人道之患[①]；事若成，则必有阴阳之患。若成若不成而后无患者，唯有德者能之。”

——《庄子·人间世》

孔子说：“事情无论大小，如果不懂遵循大道，很少有圆满成功的。如果办不成，必然会有人为的祸患；如果办成了，也难免会因焦虑过度而生病。无论事情成败都能泰然处之的，只有真正有德的圣人才能做到啊！”

领悟

做每一件事，除了大的方面要对头，还要讲究客观规律，不能盲干。即使遇到困难，也要以良好的心态去处理，而不是憋出病来。

3.10

子贡曰：“不得其门而入，不见宗庙之美，百官[②]之富。”

——《论衡·讲瑞》

译文

子贡说：“如果找不到那道门走进去，就看不见宗庙的威严壮丽，各种房舍建筑的多样。”

---

① 人道之患：人为的祸害。

② 百官：官本义是房舍，引申为官职；百官指众多官员，这里指房舍众多。

观察事物要有正确的方法和途径，爬墙的人看到的永远是事物的一面。只有找到适当的路径，光明正大地学习研究，才能看到事物的本来面目。

3.11

曾子弊衣而耕于鲁，鲁君闻之而致邑[①]焉，曾子固辞不受。或曰："非子之求，君自致之，奚固辞也？"曾子曰："吾闻受人施者常畏人，与人者常骄人，纵君有赐，不我骄也，吾岂能勿畏乎？"孔子闻之曰："参之言足以全其节也。"

——《孔子家语·在厄》

曾子穿着破旧的衣服在耕田，鲁君要送给他一座小城，曾子辞谢不受。有人说："这又不是您向人要求的，是国君送给您的，您为何不接受？"曾子说："我听说，接受馈赠的人就会害怕得罪人家；送给人家东西的人，就会对受者显露骄色。纵使国君赏赐我，也不对我显露骄色，但我能不因此害怕得罪他吗？"孔子知道后说："曾参的话足以保全他的节操。"

收人财物，替人消灾。因为利益的关系而成为别人的"俘虏"，在当

---

① 致邑：封赠一座城邑。

今的职场非常多，权钱交易、权色交易，某些人因此被利益所“俘虏”，丧失了自己的节操，沦为了阶下囚，多么不值得！曾子虽穷，气节却响当当。

3.12

子曰：“鸟能择木[①]，木岂能择鸟乎？”

——《左传·哀公十一年》

孔子说：“鸟能选择树木栖息，树木怎能选择鸟呢？”

能不能像一个人一样站着，关键是看他是一只什么样的鸟。如果是好鸟，则展翅高飞，良禽择木；反之，就让朽木选择它吧。

3.13

子曰：“事君慎始而敬终。”

——《礼记·表记》

孔子说：“侍奉君主，要以谨慎开始，以恭敬结束。”

① 木：树类的通称。

谨慎少犯错，恭敬获支持。做到这一点，在工作中就能始终得到上级的支持，就可能获得成功。

3.14

子曰："舟非水不行，水入舟则没；君非民不治，民犯上则倾。"

——《孔子家语·六本》

译文

孔子说："船没水不能行驶，进了水就会沉没。君主没有百姓，就谈不上治理国家；百姓犯上作乱，君主就会被推翻。"

领悟

事物都是相辅相成的，既要看到利的一面，又要看到弊的一面。成功的背后肯定有很多支撑的力量。所以，一个人获得成功，一定不要忘记感恩背后的支持者。

3.15

子曰："以德报怨，则宽身[①]之仁也；以怨报德，则刑戮之民也。"

——《礼记·表记》

① 宽身：心胸开阔。

孔子说："以德报怨者，是心胸开阔的人；以怨报德者，应该处以刑戮。"

在《论语》中，孔子认为应"以直报怨"，即采取公平正直的态度对待伤害的人。这里，孔子分析了以德报怨和以怨报德的不足之处，丰富了如何正确对待"德怨"的内容。

3.16

子曰："礼失则昏，名失则愆①。失志为昏，失所为愆。"

——《史记·孔子世家》

孔子说："礼仪丧失就会昏乱，名分丧失就会产生过失。丧失了意志就会昏乱，失去所宜就会出现过错。"

领悟

内外兼修，才能保持独立的人格。外在方面，礼仪和名分同等重要，名不正则言不顺。内在方面，既要有坚强的意志和健康的人格，又要明白哪些事情该做，哪些不该做。

① 愆：罪过，过失。

3.17

子曰："劳能定国，功加于民，大臣死难，虽食[①]之公庙，可也。"

——《孔丛子 · 论书》

孔子说："有安定国家的功劳，其功绩比普通人大得多。这样的大臣去世了，即使是配享于诸侯的国庙，也是可以的。"

什么叫"生当为人杰，死亦为鬼雄"，就是这个道理。生，有功于社稷；死，受到后人的纪念。当今就要提倡这种精神，让有功于国家社会的人得到褒奖，让他们得到优待；对诽谤中伤国家英烈的，要严厉打击。

3.18

子曰："周公其盛乎！身贵而愈恭，家富而愈俭，胜敌而愈戒[②]。"

——《荀子 · 儒效篇》

---

① 食：祭献，享祀。

② 戒：警戒，当心。

孔子说："周公可伟大啦！身份高贵而更加谦恭，家里富裕而更加节俭，战胜敌人而更加警戒。"

周公是历史上最好的"二把手"，他能够获得尊贵的地位，是与其严格要求自己、保持臣子气节分不开的。人最难做到的，就是有了崇高的荣誉却还能继续保持谦逊。

3.19

子路持剑，孔子问曰："由，安用此乎？"子路曰："善古者，固以善之；不善古者，固以自卫。"孔子曰："君子以忠为质，以仁为卫，不出环堵之内，而闻千里之外；不善以忠化，寇暴以仁围，何必持剑乎？"子路曰："由也请摄齐[①]以事先生矣。"

——《说苑·贵德》

子路手持宝剑，孔子问他："仲由，你打算怎样用这东西呢？"子路说："对我友好的人，我一定友好地对待他；对我不友好的，我用它来自卫。"孔子说："君子以忠义作为人生追求的目标，用仁爱来防身，虽不出窄小的屋子，却能闻名于千里之外。对不善的人，用忠信来感

① 摄齐：提起衣摆，谨防踩到衣摆跌倒失态，表示恭敬有礼。

化他；对暴乱侵扰的人，用仁义来使其安定。这样，又何须使用武力呢？”子路说：“我愿从今以后，至诚地向您求教啊！”

剑，可用来防身，也可用来自杀。子路的问题是将剑的作用看得太大，忽视了人自身的积极因素。如果一个人能保持良好的修养，如同铸剑于无形，不需亮剑则强敌退矣。

3.20

子曰：“无入而藏，无出而阳，柴立其中央。三者若得，其名必极。夫畏涂者，十杀一人，则父子兄弟相戒也，必盛卒徒而后敢出焉，不亦知乎？人之所取畏者，衽[1]席之上，饮食之间；而不知为之戒者，过也。”

——《庄子·达生篇》

孔子说：“不要进入荒山野岭把自己深藏起来，也不要投身世俗而使自己处处显露，要像槁木一样站立在两者中间。倘若三种情况都具备，他的名声必定最高。使人可畏的道路，十个行人有一个人被杀害，父子兄弟相互警戒，一定要多集人马才敢于外出，这不是很聪明吗？人最可怕的，是在枕席之上、饮食之间的失度，却不知道要警戒，这是过错啊！”

---

① 衽［rèn］：同衽。古人睡觉用的席子。

凡事都有一个“度”，孔子说“过犹不及”，即做事情过了标准和没达到标准，其结果都是一样的。人最可怕的，是枕席上的“色”，和饮食上的“酒”过度，过度如同自杀。

3.21

子曰：“巧而好度，必节[①]**；勇而好同，必胜；知而好谦，必贤。”**

——《荀子·仲尼》

译文

孔子说：“灵巧而又爱好法度，就一定能做得恰到好处；勇敢而又能与别人同心协力，就一定能胜利；聪明而又谦虚，就一定会有德才。”

每做一件事情都恰到好处，人聪明又谦虚，能力强又能与别人良好合作，这样的人不让他成功，上天是不会答应的。

3.22

子曰：“物之难矣，小大多少各有怨恶，数之理[②]**也，人**

① 节：有所节制。

② 数之理：事物发展变化的规律和道理。

而得之，在于外假之也。”

——《说苑·复恩》

译文

孔子说：“事物很复杂，无论大小多少，人们各有怨恨厌恶，这是自然的规律，人们能够掌握它，在于借助外物。”

领悟

再复杂的事物，都有其运行的规律。再复杂的人事，也有解决的办法。一个人，只要遵循大道，多尽义务，不亏待朋友，多做于公众有益的事情，就不怕别人怨恨了。

3.23

齐大饥，黔敖[1]为食于路，以待饥者食之。有饥者蒙袂辑屦[2]贸贸然来。黔敖左奉食，右执饮，曰：“嗟来食。”扬其目而视之，曰：“予唯不食嗟来之食，以至于斯也。”从而谢焉，终不食而死。曾子闻之曰：“微与？其嗟也可去，其谢也可食。”

——《礼记·檀弓下》

① 黔敖：齐国的一位富商。

② 辑屦［jí jù］：拖着鞋子。

齐国大饥荒。黔敖在路边准备好饭食，供路过饥民来吃。有个饥民用衣袖蒙着脸，脚步拖拉，无精打采地走来。黔敖左手端着食物，右手端着汤，说："喂！吃吧！"那饥民抬起眼看着他，说："我正因为不吃被轻蔑所给予的食物，才落得这个地步。"黔敖上前道歉，他仍不吃，终于饿死了。曾子听到这事后说："不用这样吧！黔敖无礼呼唤时，当然可以拒绝，但他道歉之后，仍然可以去吃。"

领悟

"志者不饮盗泉之水，廉者不受嗟来之食"，表示人要有骨气。小时候只学到了这则故事的一半，深深地敬佩那位乞讨者。看了后一部分之后，觉得曾子说的也有理。事情总是有个度，当别人诚挚道歉之后，是可以谅解人家的。做事情适度就行。

3.24

子曰："女知[①]莫如妇，男知莫如夫。"

——《国语·鲁语下》

孔子说："姑娘的见识不及妇人，男孩的见识不及丈夫。"

---

① 知：通"智"，智慧，才智。

人的见识总是与阅历联系在一起的。在人事任用上，应该多考虑个人的阅历。

3.25

子曰："天之与人，犹父子。有父为之变，子安能忽[①]？"

——《论衡·雷虚》

译文

孔子说："天与人犹如父与子的关系。父亲因为某事而情绪有变化，难道儿子能无动于衷吗？"

领悟

天与人之间，总是保持一种和谐的关系。人要尊重天道，天就会像父亲一样，宠爱着他的子女，就像父母与子女的关系。

3.26

子贡问孔子："死人有知无知也？"孔子曰："吾欲言死者有知也，恐孝子顺孙妨生以送死也；欲言无知，恐不孝子孙弃不葬也。赐欲知死人有知将无知也？死徐自知之，犹未晚也。"

——《说苑·辨物篇》

① 忽：不重视，忽略。

子贡问孔子："人在死后有无知觉？"孔子说："我要说人死后有知觉，担心孝子老想着死后的事，影响了生前的孝顺；我要说没有知觉，不孝的人以此为借口不肯埋葬老人。你要想知道死人有没有知觉，到你死时就知道了，那时也不算晚。"

领悟

孔子说过："未知生，焉知死？"生与死之间维持着一种神秘的关系，也是古今哲学的最核心、最难解的问题。作为子女，父母在世时，要恭敬赡养，全力尽孝，而不是关注死后能否保佑你的问题。

3.27

哀公问于孔子曰："寡人闻之，东益宅不祥，信有之乎？"孔子曰："不祥有五，而东益不与焉。夫损人而益己，身之不祥也；弃老取幼，家之不祥也；释[①]贤用不肖，国之不祥也；老者不教，幼者不学，俗之不祥也；圣人伏匿，愚者擅权，天下之不祥也。"

——《孔子家语 · 正论》

鲁哀公问孔子说："我听说，在东边增建宅院是不吉利的，这句话能信吗？"孔子说："不吉利的事有五种，而不包括在东边增建：损

① 释：舍弃，抛弃。

人肥己，自身不吉祥；抛弃老人顾小的，家庭不吉祥；放弃贤才不用，邦国不吉祥；老人不教，小孩不学，风俗不吉祥；圣人隐退，坏人专权，整个国家不吉祥。”

鲁哀公将国家和个人的命运系于风水之上，而孔子的思想更是朴素唯物主义的。命运的好坏更多取决于主观因素，国家应该与民众之间保持一种和谐的关系，则天下太平，人民安居乐业；如果索取无度，就是不祥之兆。个人也是一样，如果不爱惜身体，天天熬夜，透支无度，也是不祥的。

3.28

子曰：“天下有道，盗其先变乎？”

——《荀子 · 正论篇》

孔子说：“天下有道，盗贼最先发生变化吗？”

有什么道，比较抽象。如果仁君治世，能做到抓主流、重气节、把握度，这个国家的治理应该不错了，哪里还会出现小偷小摸的事情呢？

明德第四

导读："大学之道，在明明德。"一个人能否成功，关键看人品。人先天禀赋虽有不同，但重要的是靠后天的努力。《三字经》指出："性相近，习相远。"只有通过教育和社会实践才能养成。由此推己及人，使人人都能去除心灵的杂质，精益求精，力促个人品德的尽善尽美。本篇主要内容选自《孟子》《易经》《中庸》等。

4.1

子曰："道者所以明德也，德者所以尊道也。是故非德不尊，非道不明。"

——《礼记·主言》

孔子说："道义是用来彰显德行的，德行是用来尊崇道义的。所以，没有德行，道义就得不到尊崇；没有道义，德行就得不到彰显。"

领悟

在春秋时，"道"与"德"是不同的概念。"道"是本体，形而上的；"德"是具体，形而下的。如果不尊道崇德，这个社会很快就会变成新的"春秋战国"。

4.2

曾子曰："先王之所以治天下者五：贵德、贵贵、贵老、敬长、慈幼。此五者，先王之所以定天下也。所谓贵德，为其近于圣也；所谓贵贵，为其近于君也；所谓贵老，为其近于亲也；所谓敬长，为其近于兄也；所谓慈幼，为其近于弟也。"

——《礼记·祭义》

译文

曾子说："先王用来治理天下的方法有五条：崇尚道德，崇尚尊贵，尊敬老人，尊敬年长的，爱护年幼的。这五条，就是先王用来使天下安定的方法。崇尚道德，是因为它接近于圣贤；崇尚尊贵，是因为它接近于君主；尊敬老人，是因它接近于父母；尊敬年长的，是因为它接近于兄长；爱护年幼的，是因为它接近于弟弟。”

治理天下，不管方法有多种，尊崇道德永远是第一位的。而今，社会上的一些人总喜欢当裁判，动不动指责别人和社会，有多少人愿意从自身进行检讨并踏踏实实做好呢？

4.3

子曰：“大哉尧之为君，惟天为大，惟尧则之，荡荡乎民无能名[①]焉。君哉舜也，巍巍乎有天下而不与焉。”

——《孟子·滕文公上》

孔子说：“伟大啊，尧做天子。天最伟大，只有尧能效法天，他的圣德无边无际，百姓找不到恰当的词语来赞美他。舜也是了不起的天子，光明正大地统治天下而毫不利己。”

老祖宗尧、舜、禹给我们树立了一个很高的道德标准，他们的道德核心其实就是八个字：光明正大，公正无私。

① 名：称颂，说出。

4.4

子曰："唐虞禅，夏后殷周继：其义一也。"

——《孟子·万章上》

孔子说："唐尧、虞舜禅让，夏商周三代世袭，道理是一样的。"

人类最早的接班人制度，就是禅让制。这个制度的好处，是让道德高尚的人出来为天下人服务。禅让并非简单的交接班，也是经过长时间的考察，重点是考察思想道德品质，才使优秀的人才脱颖而出，这种做法值得借鉴。

4.5

子曰："道二：仁与不仁而已矣。"

——《孟子·离娄上》

孔子说："路只有两条：仁和不仁，如此而已。"

道德的核心是仁。从文字结构看是"二人"，只有构成人与人之间的关系的地方，才有仁的存在。孟子说"仁者爱人"，即能够尊重、爱护他人的，就是仁德的人。

4.6

子曰："仁不可为众也。夫国君好仁，天下无敌。"

——《孟子·离娄上》

孔子说："再多的人也无法与仁德抗衡。国君爱仁德，则天下无敌。"

领悟

民众是喜欢领导者起表率作用的。孔子说过："其身正虽令不从。"如果居上位的人都能履行仁德，当然可以无敌于天下。

4.7

子曰："小子听之：清斯濯缨，浊斯濯足矣。自取[1]之也。"

——《孟子·离娄上》

孔子说："弟子们听好，水清就用来洗帽缨，水浊就用来洗双脚。这都全凭你们自己决定。"

① 自取：自行取用。

孔子的教学方法非常生动活泼，通过水这种常见的东西，讲述了深刻的道理。清者自清，浊者自浊。良好的品德在于自身的修养，缺德的人就像浊水一样，只能拿去洗脚。

4.8

子贡问于孔子曰："夫子圣矣乎？"孔子曰："圣则吾不能。我学不厌而教不倦也。"

——《孟子·公孙丑上》

译文

子贡问孔子说："您是圣人了吧？"孔子说："圣人我做不到。我只是学不知足、教不知倦而已。"

人的天赋有差异很正常，但这种差异并非是不可逾越的。《射雕英雄传》中的郭靖就是一个勤能补拙的典型。培育良好的品德，要重视学习。持续不断地学习，就可改变个人的禀赋。

4.9

《诗》云："迨[①]天之未阴雨，彻彼桑土，绸缪牖户。今

① 迨［dài］：趁着。

此下民，或敢侮之？”孔子曰：“为此诗者，其知道乎？能治其国家，谁敢侮之？”

——《孟子·公孙丑上》

《诗经》中说：“趁着天晴没下雨，剥些桑树皮补好门窗。只要把巢弄坚固了，谁还敢欺侮我？”孔子说：“写这首诗的人懂得大道了吧？能治理好自己的国家，谁还敢欺侮他？”

凡事预则立，天晴要预留下雨的粮食，不要等到祸患到了才呼天唤地。

4.10

子曰：“君薨[①]，听于冢宰。歠[②]粥，面深墨，即位而哭。百官有司莫敢不哀，先之也。”

——《孟子·滕文公上》

孔子说：“君主死了，政务听从于冢宰。太子只得喝粥，脸色深黑，就临孝子之位便哭泣。大小官吏没有谁敢不悲哀，这是因为太子带了头。”

---

① 薨［hōng］：死亡，一般指诸侯之死。

② 歠［chuò］：喝，饮。

榜样的力量是无穷的。无论是领导者，还是一般员工，只要勇于在各个方面带好头，就会获得意想不到的无穷力量。

4.11

孔子尝为委吏[①]矣，曰："会计当而已矣。"尝为承田[②]矣，曰："牛羊茁壮长而已矣。"

——《孟子·万章下》

译文

孔子曾做过管理仓库的小吏，说："出入账目没差错就行。"又做过管理牲畜的小吏，说："牛羊都长得茁壮就行。"

良好的品德，在于干一行爱一行。一些人缺乏幸福感，在于眼高手低，总想一步到位。连孔子都当过会计出纳，我们又何妨做好手头的小事呢？

4.12

宰我、子贡善为说辞，冉牛、闵子、颜渊善言德行。

① 委吏：管仓库的小吏。

② 承田：管放牧的小吏。

孔子兼之，曰："我于辞命，则不能也。"

——《孟子·公孙丑上》

宰我、子贡善于言辞，冉牛、闵子、颜渊善于阐述德行。孔子兼而有之，但他又说："我对于辞令是不擅长的。"

每个人都有长处。圣人与普通人的不同，就是能将普通人的长处广泛吸收，转变成自己的本领。孔子是最善于学习的，他让我们见识了一个普通人是如何变成圣人的。

4.13

子曰："德之流行，速于置邮[①]而传命。"

——《孟子·公孙丑上》

孔子说："道德的流行，比驿站传达政令还要快。"

领悟

教育是立国之本。好事传千里，坏事也传千里。如果能将良好的教化普及于民，这个国家就会充满希望和活力。

① 置邮：设置邮驿。

4.14

鲁用偶人[①]葬，孔子叹。睹用人殉之兆也，故叹以痛之。

——《论衡 · 薄葬》

鲁国用偶人殉葬，孔子为此而悲叹不已。他从中看出将会用人殉葬的苗头，因此哀痛之。

领悟

孔子之所以是圣人，就是能从一个简单的现象中看出其深刻的内涵。采用土偶、木偶殉葬，就意味着以后会用活人。

4.15

子曰："始作俑[②]者，其无后乎？"

——《孟子 · 梁惠王上》

孔子说："最初采用土偶、木偶陪葬的人，该是会断子绝孙吧？"

---

① 偶人：用木头或泥土等制成的人形。

② 俑：殡葬用的木制或陶制的偶人。

圣人也会怒发冲冠，拍案而起：只要是为这个社会起坏榜样的，通通断子绝孙！

4.16

曾子曰：“胁肩谄笑，病于夏畦[①]。”

——《孟子·滕文公下》

曾子说：“装出一副讨好人的笑脸，比顶着烈日在菜地里干活还难受。”

什么叫缺德？明明要掏你的腰包，甚至要你的脑袋，却装着和你要好的样子。

4.17

子路曰：“未同而言，观其色赧赧[②]然，非由之所之也。”

——《孟子·滕文公下》

① 夏畦：夏天在田地里劳作。

② 赧：因羞惭而脸红。

子路说："分明不愿意和那人谈话，却要勉强去谈，脸上还做出羞涩的样子，这种人不是我所能够理解的。"

领悟

当面指责你、批评你的，并不可怕。有错就改，善莫大焉。怕的就是心里想伤害你，却与你套近乎的人。在日常生活中，要多注意这些伪君子。

4.18

子曰："过我门而不入我室，我不憾焉者，其惟乡原①乎？乡原，德之贼也。"

——《孟子·尽心下》

孔子说："从我家门口经过却不进我的屋里来，这样的人我不遗憾的，只有那好好先生了。因为他们是偷道德的贼。"

领悟

交朋友要真诚以待，开诚布公。好好先生是"骑墙派"，见风使舵，处事没有原则，啥事都不会表露个人观点。这种人或是水平不够，或是太过于世故圆滑。

① 乡原：即"乡愿"。指乡里言行不一、伪善欺世的人。引申为见识浅陋、胆小无能之人。

4.19

子曰："恶似而非者：恶莠，恐其乱苗也；恶佞，恐其乱义也；恶利口，恐其乱信也；恶郑声，恐其乱乐也；恶紫，恐其乱朱[①]也；恶乡原，恐其乱德也。"

——《孟子·尽心下》

孔子说："厌恶那些表里不一的东西：厌恶杂草，怕它搞乱禾苗；厌恶花言巧语，怕它搞乱正义；厌恶夸夸其谈，怕它搞乱信用；厌恶郑国乐曲，怕它搞乱雅乐；厌恶紫色，怕它搞乱红色；厌恶好好先生，怕他搞乱道德。"

孔子论"六恶"，可概括成"六种缺德者"。缺德者的主要表现，就是表里不一，看不到他的内心世界。这种人哪能交朋友呢？哪能交给重要工作呢？

4.20

子曰："言人之恶，非所以美己；言人之枉，非所以正己。"

——《孔子家语·颜回》

---

① 朱：大红色。古人认为红是正色，紫是杂色。

孔子说：“说别人丑陋，并不能证明自己美；说别人的过失，不能证明自己正确。”

缺德者总喜欢指点江山，论人短长。如果每个人都能反躬自省，多看多说别人的长处，尤其是珍惜身边的人和事，多发现身边的真善美，这个社会就和谐多了。

4.21

子曰：“天无二日，民无二王。”

——《孟子·万章上》

孔子说：“天上没有两个太阳，百姓没有两个君主。”

即使有两个太阳和两个君主，缺德的一方，一定会被后羿射下来的。

4.22

子曰：“于斯时也，天下殆哉岌岌乎！”

——《孟子·万章上》

孔子说："在这个时候，天下岌岌可危啊！"

春秋时期，道德沦丧，天下危殆。而今应该以史为鉴，不要重蹈覆辙。

4.23

孔子观于东流之水。子贡问于孔子曰："君子之所以见大水必观焉者，是何？"孔子曰："夫水遍与诸生而无为也，似德。其流也埤下，裾拘必循其理，似义。其洸洸乎不淈[1]尽，似道。若有决行之，其应佚若声响，其赴百仞之谷不惧，似勇。主量必平，似法。盈不求概，似正。淖约微达，似察。以出以入以就鲜絜[2]，似善化。其万折也必东，似志。是故见大水必观焉。"

——《荀子·宥坐》

孔子观看向东流去的河水。子贡问孔子说："您见到大水必定观看，这是为何呢？"孔子说："那流水，普遍地养育万物而无所作为，就好像德操；它流向低处，弯弯曲曲，遵循一定规律，就好像正义。

① 淈［gǔ］：枯竭。

② 絜［jié］：同"洁"。

它浩浩荡荡，奔流不息，就好像真理；掘开堵塞使它通行，随即奔腾向前，好像回声应和原来的声响，奔赴百丈深谷也不怕，就好像勇敢；它注入量器时一定很平，就好像法度；注满量器，不需刮板刮平，就好像公正；它柔弱细小无微不至，就好像明察；各种东西在水里淘洗，就会变得洁净鲜美，就好像善于教化；它百转千回必然向东，就好像意志。所以君子看见大水就要观赏它。”

孔子教导我们学习的方法，在于多学习多发现，把握当下，生活都是教科书，叫作“世事洞明皆学问，人情练达即文章”。每天我们喝水用水，却没有发现水具备了君子的最完美德行。真理源于发现，做人学水之德。

4.24

《诗》曰：“天生烝[1]民，有物有则。民之秉彝，好是懿德。”孔子曰：“为此诗者，其知道乎？故有物必有则。民之秉彝也，故好是懿德。”

——《孟子·告子上》

《诗经》中说：“上天生养人类，万物都有法则。百姓把握常规，喜爱崇高品德。”孔子说：“作这首诗的人真懂得道吗？有事物就一定有法则。百姓掌握了它，就能崇尚美德。”

① 烝［zhēng］：众多。

最佳的道德，在于遵循事物的发展规律，而不是逆天而行。

4.25

子曰："操则存，舍则亡；出入无时，莫知其乡[①]。"

——《孟子·告子上》

孔子说："把握住就存在，放弃了就失去；进出没有一定时间，也不知道它去往何方。"

孔子的原意是讲心的作用，即人要保持善良的本心。这里演绎为遵循客观规律的重要性。规律，你把握就存在，放弃就失去。因此，善政者既要保持善良的本心，又要遵循客观的规律。

4.26

子曰："劳而不伐[②]，有功而不德，厚之至也，语以其功下人者也。德言盛，礼言恭。谦也者，致恭以存其位者也。"

——《周易·系辞》

---

① 乡：通"向"，去向。

② 伐：自夸。

孔子说："有功劳而不夸耀，有功德而不自居，敦厚极了，讲的是不居功自傲而甘居人下的人。德行讲求广大，礼节讲求谦恭。谦让，就是致力于恭敬而保全自身的处世原则。"

从个人品德修养来说，谦虚无疑是处世的第一要义。懂得谦虚的人，永远保持一种乐观豁达的态度，也能得到更多的资源和帮助。

4.27

季康子[①]谓子游曰："仁者爱人乎？"子游曰："然。""人亦爱之乎？"子游曰："然。"康子曰："郑子产死，郑人丈夫舍玦佩，妇人舍珠珥，夫妇巷哭，三月不闻竽琴之声。仲尼之死，吾不闲鲁国之爱夫子奚也？"子游曰："譬子产之与夫子，其犹浸水[②]之与天雨乎？浸水所及则生，不及则死，斯民之生也必以时雨，既以生，莫爱其赐。故曰：譬子产之与夫子也，犹浸水之与天雨乎？"

——《说苑·贵德》

季康子问子游说："仁者爱别人吗？"子游说："是的。""别人也

① 季康子：名肥，春秋时鲁国的正卿，把持朝政。

② 浸水：灌溉用的水。

爱仁者吗？”子游说：“是的。”季康子说：“郑子产死后，郑国的男子摘下玉佩，女人摘下耳饰，夫妇在巷子里哭泣，人们三个月听不到演奏乐器的声音。孔子死后，我没有听说鲁国人民这样来表达对他的热爱，这是为何呢？”子游说：“拿子产与先生相比，大概就像灌溉用的水与天上下的雨的对比吧？灌溉用的水，到达的地方庄稼就会生长，到不了的地方庄稼就会死亡。可是百姓的生存，一定是靠着天下雨；现在百姓已经生存，就感觉不到雨水的宝贵。所以说，拿子产与先生相比，好像灌溉用的水与天上的雨一样吧？”

认识的境界不同，得出的结论就不同，因此每个人都要提高思想认识的境界。看事物不要被外在的假象所迷惑，要“一叶落而知天下秋”。冬天到了，春天也就不远了。

4.28

子曰：“君子有三恕：有君不能事，有臣而求其使，非恕也；有亲不能孝，有子而求其报，非恕也；有兄不能敬，有弟而求其顺，非恕也。士能明于三恕之本，则可谓端[①]身矣。”

——《孔子家语·三恕》

孔子说：“君子有三恕：有国君而不能侍奉，有臣子却要役使，这

① 端：端正。

不是恕；有父母不能孝敬，有儿子却要他报恩，这不是恕；有兄长不能尊敬，有弟弟却要他顺从，这也不是恕。读书人能明了‘三恕’的根本，可算是行为端正了。”

“三恕”的要义，在于讲明了因果关系。当你种下善因的时候，其实不需惦记，因为善果在等着你去摘取呢！

4.29

子曰：“舜其大孝也与。德为圣人，尊为天子，富有四海之内。宗庙飨[①]之，子孙保之。故大德必得其位，必得其禄，必得其名，必得其寿。”

——《中庸》

孔子说：“舜是最孝顺的人吧？德行方面是圣人，地位上是天子，财富拥有天下。宗庙里祭祀他，子孙都保持他的功业。所以，有大德的人必定得到应得的地位，必定得到应得的财富，必定得到应得的名声，必定得到应得的寿命。”

世间的地位、财富、名声，甚至寿命，一切有得有失的东西，都可

① 飨：祭祀。

以用两个字来总结，叫作外物。人们说厚德载物，那就是德行深厚才能承载这些外物。厚德，就是按照中庸的要求，按照仁义的原则做人做事。与此相反的情况叫作德不配位，位就是人的身份地位。如果一个人的身份地位很高，但是自己的德行，自己的仁义礼智孝没有一样能够配得上它，那么他很快会有灾祸。

中庸第五

导读：在孔子看来，中庸是一种至高无上的美德。喜怒哀乐没有表现出来时叫作“中”，表现出来后恰到好处叫作“和”。中庸是待人处世做到极致的状态，即最佳、最优化的状态。很多人对中庸有误解，将左中右的“中”看成中庸之道，这种“和稀泥”的做法是极为有害的。本篇主要内容选自《中庸》，并以之为篇名。

5.1

子曰："君子中庸，小人反中庸。君子之中庸也，君子而时中[①]；小人之中庸也，小人而无忌惮也。"

——《中庸》

孔子说："君子倡导中庸，小人违背中庸。君子的中庸，是依据时势的变化而随时处中。小人之所以违背中庸，是因为肆无忌惮，专走极端。"

在孔子之前，"君子"与"小人"这两个概念主要是指社会身份，而孔子对此进行了改造，把它们变成了修养的评价。即使出身卑贱，只要修养学识好，讲求中道，也是君子。相反，即使出身显赫，只要悖逆中道，胡作非为，也是小人。

5.2

子曰："道其不行矣夫。"

——《中庸》

① 时中：依时而处中。

译文

孔子说：“中庸之道恐怕不能在社会上实行啊！”

领悟

一种美好的社会理想，实行起来是很难的。所以说：“自古圣贤多磨难。”

5.3

子曰：“道之不行也，我知之矣，知者过之，愚者不及也；道之不明也，我知之矣，贤者过之，不肖[①]者不及也。人莫不饮食也，鲜能知味也。”

——《中庸》

孔子说：“中庸之道不能实行的原因，我知道了：聪明的人高估自己，认识过了头；愚昧的人智力不及，不能理解它。中庸之道不能被理解的原因，我知道了：贤能的人做得太过分，不贤的人根本做不到。这就像人们每天都要吃喝，但很少有人真正能够品尝到滋味。”

领悟

中庸之道不能实行，是因为我们作为人的，要不太聪明，要不太愚钝；还自以为是，个个是孔子，人人是圣贤；另外是缺少上层的推动。孔

---

① 不肖：不贤，没有才能。

子周游列国，目的就是想让其理想实现，可惜未能如愿。

5.4

子曰：“舜其大知也与。舜好问而好察迩言[①]。隐恶而扬善，执其两端，用其中于民，其斯以为舜乎。”

——《中庸》

孔子说：“舜帝真是具有大智慧啊！他喜欢向别人请教，又善于分析浅显话语里的深意。隐藏别人的过失，而褒扬别人的好处，最后再将众人的意见加以审择，按照中道施行于人民，这就是舜帝为舜帝的缘故吧！”

领悟

中庸之道的具体表现是什么？这里用例证法讲明了。舜是履行中庸之道的模范，做什么事情，都是恰到好处。我们要学习舜的大智慧，而不是耍小聪明。

5.5

子曰：“诗云：‘伐柯伐柯，其则不远。’执柯以伐柯，

① 迩言：浅近的话。

睨[①]而视之，犹以为远。故君子以人治人，改而止。”

——《中庸》

孔子说：“《诗经·国风·伐柯》中说：‘砍削斧柄，砍削斧柄，斧柄的式样就在眼前。’握着斧柄砍削斧柄，看似没什么两样，如果斜眼一看，还是发现差异很大。因此，君子推己及人，不同的人采取不同的教化方式，只要他能改正错误就行。”

实行中庸之道，并非要将每个人打造成一个模型。而是像制作斧柄一样，手中的原木以手里的斧柄为模板，虽制作出来后两者的样式差不多，但新旧、长短、花纹等毕竟都不同。正如治理之道，要因时因地因人而治。

5.6

子曰：“人皆曰‘予知’，驱而纳诸罟[②]获陷阱之中，而莫之知辟也；人皆曰‘予知’，择乎中庸，而不能期月守也。”

——《中庸》

孔子说：“人都说自己聪明，可是被驱赶到罗网陷阱中却不知躲避

① 睨［nì］：斜着眼睛看。

② 罟［gǔ］：渔网。

。人都说自己聪明，可是选择了中庸之道，却连一个月时间也不能坚持。”

聪明人之所以吃亏，就是因为太聪明：一是在尘世纷扰的环境中，找不到归依之处。二是太急躁，总想一锄头挖成一个坑。

5.7

子曰：“天下国家可均也，爵禄可辞也，白刃可蹈[①]也，中庸不可能也。”

——《中庸》

孔子说：“天下国家可以治理好，官爵俸禄可以放弃掉，雪亮的刀刃可以踩过去，中庸之道却不容易做到。”

人可放弃各种诱惑，但能做到为理想而献身的，还真是不多。

① 蹈：践踏，踩。

5.8

孔子观于鲁桓公之庙，有攲[①]器焉，孔子问于守庙者曰："此为何器？"守庙者曰："此盖为宥坐之器。"孔子曰："吾闻宥坐[②]之器者，虚则攲，中则正，满则覆。"孔子顾谓弟子曰："注水焉。"弟子挹水而注之。中而正，满而覆，虚而攲，孔子喟然而叹曰："吁！恶有满而不覆者哉！"子路曰："敢问持满有道乎？"孔子曰："聪明圣知，守之以愚；功被天下，守之以让；勇力抚世，守之以怯，富有四海，守之以谦。此所谓挹[③]而损之之道也。"

——《荀子·宥坐》

孔子参观鲁桓公庙，看到一只倾斜的器皿。孔子问守庙人："这是什么？"守庙人说："这是君主放在座位右边来警诫自己的器皿。"孔子说："听说这种器皿，不注水时就会倾斜，倒入一半水时就会端正，注满水后就会翻倒。"孔子回头对弟子说："注水吧！"弟子取水注入里面。注入一半时就端正了，注满后就翻倒了，空了又恢复了倾斜。孔子感慨地说："唉！哪有满了不翻倒的呢？"子路说："我想问一下有保持盈满的方法吗？"孔子说："聪明圣智，就要用笨拙来保持它；功劳惠及天下，要保持谦让的态度；勇敢有力，要用怯懦来保持它；富有天下，要用节俭来保持它。这就是保持盈满的方法。"

---

① 攲［qī］：倾斜。

② 宥［yòu］坐：放在座位右边以警诫自己。

③ 挹［yì］：抑制住。

欹器原是一种灌溉农具。因它的工作原理对处世之道很有启发性，所以鲁君将其作为警醒的器物放在身边，时时提醒君王要保持中庸之道。这也是我国最早的“座右铭”。

5.9

子路问强。子曰：“南方之强与，北方之强与，抑而强与？宽柔以教，不报无道，南方之强也，君子居之。衽[①]金革，死而不厌，北方之强也，而强者居之。故君子和而不流，强哉矫[②]！中立而不倚，强哉矫！国有道，不变塞焉，强哉矫！国无道，至死不变，强哉矫！

——《中庸》

子路问什么是强。孔子说：“南方的强呢？北方的强呢？还是你认为的强呢？用宽容柔和的精神去教育人，人家对我蛮横无礼也不报复，这是南方的强，品德高尚的人具有这种强。用兵器甲盾当枕席，死而后已，这是北方的强，勇武好斗的人具有这种强。所以品德高尚的人和顺而不随波逐流，这才是真强。保持中立而不偏不倚，这才是真强。政治清平时不改变志向，这才是真强。政治黑暗时坚持操守，宁死不变，这才是真强。”

① 衽［rèn］：草席。

② 矫：强壮，勇武。

什么是强大？是顶天立地、力拔山兮吗？不是的，那叫勇敢，不是强大。强大的人，有原则，不随波逐流；有立场，不左右逢源；有抱负，不鼠目寸光。

5.10

子曰："素隐行怪，后世有述焉，吾弗为之矣。君子遵道而行，半途而废，吾弗能已矣。君子依乎中庸，遁世不见知而不悔，唯圣者能之。"

——《中庸》

孔子说："有些人专门研究那些犄角旮旯的学问，做些离奇古怪的事情，用来博取声名，后世也有人为他树碑立传，但我是绝不会这样做的。有些品德不错的人实行中庸之道，但是半途而废，而我是绝不会停步的。真正的君子依照中庸之道而行，即使一生默默无闻不被知晓也绝不后悔，这只有圣人才能做得到。"

追求美好的理想，是一种执着、一种担当。坚守中庸之道的人，一定是奋发有为，积极向上，不计较个人名利。正所谓："丹心育桃李，秦松汉柏；俯首做人桥，益友良师。"

5.11

子曰：“道不远人，人之为道而远人，不可以为道。”

——《中庸》

孔子说：“大道本来不会远离人的生活，如果人们实践大道的方法远离了现实生活，也就没办法继续了。”

领悟

真理是在衣食住行中体现出来的，正所谓大道至简，行住坐卧皆是禅。

5.12

子曰：“忠恕违[①]道不远。施诸己而不愿，亦勿施于人。”

——《中庸》

译文

孔子说：“一个人做到忠恕，离道差不远。自己不愿意做的事，不要施加给别人。”

① 违：离，别。

忠恕是什么？简单来说，“忠”是严于律己，“恕”即宽以待人。

5.13

子曰：“君子之道四，丘未能一焉：所求乎子以事父，未能也；所求乎臣以事君，未能也；所求乎弟以事兄，未能也；所求乎朋友先施之，未能也。庸德之行，庸言之谨，有所不足，不敢不勉，有余不敢尽。言顾行，行顾言，君子胡不慥[①]慥尔。”

——《中庸》

孔子说：“君子的道有四项，我孔丘一项也难以做到：作为儿子应对父亲做到的，我没有能做到；作为臣民应对君王做到的，我没有能做到；作为弟弟应对哥哥做到的，我没有能做到；作为朋友应该先做到的，我没有能做到。依中道德行努力实践，按中道标准言谈谨慎。德行有不足的地方，不敢不勉励自己努力；言论占上风，要留有余地。说话符合行为，行为符合说过的话，这样的君子怎会不忠诚呢？”

孔子讲君子四项基本美德：忠、孝、悌、信。最简单的道理也最难做到，只要日常尽力去做就行。当你日积月累多做有益的事情，当有一

① 慥［zào］：忠厚诚实的样子。

天早晨起床，你突然发现自己也成为圣人了。

5.14

子曰：“射有似乎君子，失诸正鹄[①]，反求诸其身。”

——《中庸》

孔子说：“君子立身处世就像射箭一样，射不中，不怪靶子不正，只怪箭术不行。”

领悟

孔子讲得真好！失败固然有客观原因，但主要是自己箭术不行。很多人习惯于找客观原因，找别人的原因，却没有查找自己是否真的做好了。

5.15

子曰：“鬼神之为德，其盛矣乎。视之而弗见，听之而弗闻，体物而不可遗。使天下之人齐[②]明盛服，以承祭祀。洋洋乎如在其上，如在其左右。”

——《中庸》

① 鹄［gǔ］：箭靶子。

② 齐［zhāi］：通“斋”，斋戒。

孔子说：“鬼神的德行真是盛大啊！看也看不见，听也听不到，但却能以万物为体而无所不在。它使天下人都斋戒净心，穿着庄重的服装去祭祀它。它好像在你的头上，又好像就在你左右。”

领悟

孔子说：“敬鬼神而远之。”为什么要“敬”？因为鬼神若有又若无，看不见又听不到，但很多人又离不开它，这像中庸之道。为什么要“远”？如果不疏远它，就变成了迷信。

5.16

子曰：“好学近乎知，力行近乎仁，知耻近乎勇。”

——《中庸》

孔子说：“喜欢学习就接近了智，努力践行就接近了仁，知道羞耻就接近了勇。”

这是履行中庸“三法”。智慧是什么？只要你用功学习，朝着正确的目标迈进，就会越来越接近。仁德是什么？只要多做好事实事，不计较个人得失，你就逐步接近了仁德。勇敢是什么？就是要有羞耻之心，落后了会羞耻，做错事了会羞耻，你就近乎大智大勇了。

5.17

子曰："愚而好自用[①]，贱而好自专，生乎今之世，反乎古之道。如此者，灾及其身也。"

——《中庸》

译文

孔子说："愚昧却喜欢自以为是，卑贱却喜欢独断专行，生于今世却想回到古时去。这样做，灾祸一定会降临到身上。"

领悟

喜欢自以为是的，往往又是自作聪明的人；喜欢独断专行的，往往认为自己是大能人；喜欢回到古代去的，往往认为自己是有神通的人。

5.18

子曰："夫政也者，蒲卢[②]也，故为政在人，取人以身，修身以道，修道以仁。仁者，人也，亲亲为大。义者，宜也，尊贤为大。"

——《中庸》

① 自用：凭主观意图行事，自以为是。

② 蒲卢：即芦苇，性柔而具有可塑性。

孔子说："政事就像芦苇一样，完全取决于用什么人，选拔人才取决于自身修养，修身立己在于遵循大道，遵循大道要从仁义做起。仁就是爱人，亲爱亲族是最大的仁。义就是事事做得适宜，尊重贤人是最大的义。"

治理政事，关键在人。人的本质，要在仁义。仁者，就是能够视众生如父母；义者，就是能够尊贤用贤，在合适的时间做合适的事情。

5.19

子曰："人道敏[①]政，地道敏树。"

——《中庸》

译文

孔子说："治理百姓的方法在于做好政事，经营土地的方法在于多种树木。"

领悟

做什么事情，都要抓住牛鼻子。胡子眉毛一把抓，如同给小猪剪毛，尖叫声很大，但剪下的毛却不多。

① 敏：奋勉。

5.20

子曰："声色之于化民，末也。"

——《中庸》

孔子说："用厉声厉色去教育百姓，是本末倒置。"

或者说，以奢靡之风来引导百姓，那是极其错误的。

5.21

子曰："吾说夏礼，杞不足征[①]也；吾学殷礼，有宋存焉；吾学周礼，今用之，吾从周。"

——《中庸》

孔子说："我谈论夏朝的礼制，夏的后裔杞国已不足以验证它；我学习殷朝的礼制，殷的后裔宋国还残存着它；我学习周朝的礼制，现在还实行着它，所以我遵从周礼。"

① 征：验证，证明。

优秀文化是传承下来的，总是大浪淘沙，金子留下来，杂质被过滤掉。孔子崇尚周礼，认为那是最理想的文化精神。这种精神，充分体现了中庸之道。

5.22

子曰：“无忧者，其唯文王乎？以王季为父，以武王为子，父作之，子述之。武王缵[①]大王、王季、文王之绪，一戎衣，而有天下。身不失天下之显名，尊为天子，富有四海之内，宗庙飨之，子孙保之。”

——《中庸》

孔子说：“人生没有遗憾的恐怕只有周文王吧？父亲王季是一代圣王，儿子周武王更是一代明君，文王美好的德行与志向承其父王传其子嗣。周武王继承并光大先王的道德和事业，戎衣革命，建立天下。成为一代圣王，贵为一国之君，享有天下财富，子孙繁荣安定。”

人能真正做到无遗憾，就是能为自己的理想而奋斗终生。如果这个理想能够像周文王一样得以实现的话，那你不是圣人谁又是圣人呢？

---

① 缵［zuǎn］：继承。

5.23

曾子曰："击舟水中，鸟闻之而高翔，鱼闻之而渊藏。"

——《淮南子·齐俗训》

曾子说："同是因敲击船板而发出的声音，鸟听了高飞而去，鱼听了藏入深渊。"

听到了声音，鸟和鱼都知道该怎么做，为什么具备大智慧的人，听闻到了真理，而不去努力践行呢？是人不如鸟、人不如鱼吗？

5.24

宰我问："君子尚辞乎？"孔子曰："君子以理为尚。博而不要，非所察也。繁辞[①]富说，非所听也。唯知者，不失理。"

——《孔丛子·嘉言》

宰我问："君子崇尚言辞吗？"孔子说："君子崇尚道理。学识渊博却不得要领，不是君子所要关注的。辞藻华丽且夸夸其谈，不是君

① 繁辞：夸夸其谈，亦指繁琐的言辞。

子乐意听闻的。只有智者，言谈处事不失准则。”

真正的智者，是不会耍嘴皮子的。正如诸葛亮批评某些人：“坐谈立议，无人能及；随机应变，百无一能。诚为天下笑耳！”

5.25

孔子过康子，子张子夏从。孔子入座。二子相与论，终日不决。子夏辞气甚隘，颜色甚变。子张曰：“子亦闻夫子之议论邪？徐言誾[①]誾，威仪翼翼，后言先默，得之推让，巍巍乎！荡荡乎！道有归矣。小人之论也，专意自是，言人之非，瞋目扼腕，疾言喷喷，口沸目赤。一幸得胜，疾笑嗌[②]嗌，威仪固陋，辞气鄙俗，是以君子贱之也。”

——《韩诗外传·卷第九》

孔子拜访季康子，子张和子夏陪从。孔子进屋和康子晤谈时，这两个学生在外边论辩起来，一天也没有结果。子夏语气很盛，脸色激动。子张说：“你也听过先生辩论吧！和颜悦色，侃侃而谈，仪态庄重，先默听后发言，得理能让，议论深刻，旁征博引，讲出道理。小人论辩，自以为是，尽说别人的错误，瞪着眼睛掐着手腕，说个不停，喘

① 誾［yín］：说话或争辩时正直而和蔼的样子。

② 嗌［ài］：笑声。

着粗气，两眼发红。一旦侥幸得胜，便得意狂笑，威仪扫地，言辞粗俗，因此君子鄙视这样的论辩。”

高明的论辩者，是胸有成竹，气定神闲，始终把握论辩的主动。小人只能称之为争吵，如同泼妇骂街，偶尔驳倒人家，也只是侥幸取胜。人永远不可能被别人说服，而只会自己改变想法，所以论辩的最高境界，不是用理论把人压倒，或者用声音把人吵倒，而是让对方意识到无理可争，无架可吵。

5.26

公不闻老莱子之教孔子事君乎？示之其齿之坚也，六十而尽相靡[①]也。

——《战国策·楚策四》

您没听说老莱子教导孔子如何侍奉国君吗？他指着牙齿说，人的牙齿很坚硬，到了六十岁，牙齿就损坏完了，这是因为牙齿经常互相磨损的缘故。

领悟

这是本篇的点题之句。牙齿和舌头，一个是硬的，一个是软的。但到了一定的年龄，牙齿就磨损光了，而舌头依然完好。这就是老子所说的“柔弱胜刚强”的道理。中庸之道，难道不也如此吗？

① 靡：通“摩”，摩擦。

良史第六

导读：良史，即优秀的史官，职责是忠实地记录历史，是非曲直，尽在笔下。春秋史官，不畏强暴，公正记录历史，永远地将那些奸臣逆贼钉在历史的耻辱柱上，真是石破天惊。齐国三位太史舍命记录崔杼弑君恶行，董狐也不逊色，直哉春秋史官！本篇以“良史”命名，以正直为义，不亦宜乎。本篇主要内容选自《左传》《韩非子》《韩诗外传》等。

6.1

子曰："董狐古之良史也，书法[①]不隐。"

——《左传·宣公二年》

孔子说："董狐是古代的优秀史官，直笔记史，毫不隐讳。"

领悟

文天祥的《正气歌》说："在齐太史简，在晋董狐笔。"晋国赵穿杀死晋灵公，董狐将弑君之账记在当朝执政的赵盾身上，赵盾辨明非他所杀。董狐说："子为正卿，亡不越境，反不讨贼，非子而谁？"

6.2

子曰："宽哉，不被[②]于利！洁哉，民性有恒！曲为曲，直为直。"

——《韩非子·说林下》

孔子说："胸怀宽广啊，不被利益所蒙蔽！品德纯洁啊，人的本性不变！曲的就是曲的，直的就是直的。"

---

① 书法：史家记事的体例笔法。

② 被：遮盖，遮蔽。

真正正直的人，才会像董狐一样，胸怀宽广，品德高尚，不为利益所蒙蔽。这样才能辨明是非曲直，不被历史迷雾所干扰。

6.3

子曰："天无私覆，地无私载，日月无私照。"

——《礼记·孔子闲居》

孔子说："就像苍天那样无私地覆盖万物，像大地那样无私地承载万物，像日月那样无私地照耀万物。"

天地不会说话，但却默默不闻像父母一样关爱着人类，都是无私的奉献。人作为万物之灵长，难道不能仿效天地，多为社会做贡献吗？

6.4

子贡曰："出言陈辞[①]，身之得失，国之安危也。"

——《说苑·善说》

子贡说："讲出的话、陈述的言辞，关系自己得失，关系国家安

① 陈辞：发表言论，诉说。

危。”

言语表达也是正直的表现。慎言是孔子一贯的思想。说出的话，泼出的水，是不能回收的。

6.5

晋平公出言而不当，师旷举琴而撞之，跌衽宫壁，左右欲涂之，平公曰：“舍之！以此为寡人失。”孔子闻之曰：“平公非不痛其体也，欲来谏者也。”

——《淮南子·齐俗训》

译文

晋平公讲话不妥，师旷举起琴撞击他，琴掠过平公的衣襟撞到墙上。平公身边的人想修补破墙，平公说：“别补了，留着它记着寡人的过失。”孔子听说此事后说：“平公并非不爱惜身体，而想要用这种态度来鼓励群臣的进谏。”

正直的乐师，遇到大度的晋平公，才成就了一番佳话。说话要因时因地因人而异，如果所遇非人，那么不如不说。

6.6

子曰：“善为吏者树德，不能为吏者树怨。概者，平量

者也；吏者，平法者也。治国者，不可失平也。”

——《韩非子·外储说左下》

孔子说：“善于为官的人树立恩德，不会为官的人树立怨仇。概，这种器物是用来量平斗斛的；官吏，是用来公平行法的。治理国家的人，不可以失去公正。”

概是古时量米粟时刮平容器用的木板。量米粟时，放在斗斛上刮平，不使过满。它的意义是象征公平。一个缺乏公平的社会，就是一个即将毁灭的社会。

6.7

子路问：“君子尚勇乎？”孔子曰：“义之为上。君子好勇而无义则乱，小人好勇而无义则盗。”

——《史记·仲尼弟子列传》

子路问：“君子崇尚勇敢吗？”孔子说：“君子最崇尚的是义。君子只好勇而不尚义，就会叛逆作乱；小人只好勇而不尚义，就会做强盗。”

义的意义：一是正义，即合乎正义或公益的事情；二是适宜，义，宜

也，即公正合宜的道理或举动。如果做人做事，既不坚持正义，又不切合时宜，结果肯定很糟糕。

6.8

孔子侍坐于季孙。季孙之宰通曰：“君使人假[①]马，其与之乎？”孔子曰：“吾闻君取于臣，谓之取，不曰假。”季孙悟，告宰通曰：“自今以往，君有取谓之取，无曰假。”

——《韩诗外传 · 卷第五》

孔子侍坐于季孙旁边。季孙的管家过来说：“国君派人来借马，给不给？”孔子说：“我听说国君向臣子要东西叫作取，不叫借。”季孙恍然大悟，告诉管家说：“以后国君派人来要东西叫作取，不要说是借。”

领悟

什么叫“曲为曲，直为直”？借马就是“曲”，须知率土之滨，莫非王臣；取马就是“直”，取即无须奉还。虽然季孙言不由衷，但依然知道自己是臣子的身份。

6.9

子曰：“昔桀纣不任其过，其亡也忽焉。成汤文王知任

① 假：借用。

其过，其兴也勃焉。过而改之，是不过也。”

——《韩诗外传 · 卷第三》

孔子说：“过去，桀、纣都不能担当过失，因此他们转瞬之间就灭亡了。商汤和周文王知道应承担过错，其兴盛都是在勃然之间。犯了错误而能改正，就不会再犯错误了。”

桀纣为何会亡国，是因为不知道什么是“曲”，什么是“直”。朝代的更替是非常快速的，当统治者明白了是非曲直，勇于改正错误，太平盛世也就不远了。

6.10

子曰：“怀恶而讨，虽死不服。”

——《春秋谷梁传 · 昭公四年》

译文

孔子说：“自己有坏名声，去声讨别人。对方即使掉了脑袋，心里也是不服的。”

春秋时，楚灵王联合诸侯讨伐吴国，捉了弑齐庄公而逃到吴国的公子庆封，用绳子拉着他示众说：“大家都不要仿效庆封，他杀了自己的国君，欺凌自己的幼君，挟持各位大夫与自己盟誓。”庆封反唇相讥：“大

家也不要仿效楚共王的庶子公子围，他杀了自己的国君——哥哥的儿子员，代替员当上了楚国国王。”听到的人都哄然大笑。自己名声不好却去声讨别人，只能是自取其辱。

6.11

子贡问大臣，子曰：“齐有鲍叔，郑有子皮[①]。”子贡曰：“否。齐有管仲，郑有东里子产。”孔子曰：“然。吾闻鲍叔之荐管仲也，子皮之荐子产也，未闻管仲子产有所荐也。”子贡曰：“然则荐贤贤于贤。”曰：“知贤，知也；推贤，仁也；引贤，义也。有此三者，又何加焉？”

——《韩诗外传·卷第七》

子贡问哪种人是国家的栋梁。孔子说：“如齐国的鲍叔，郑国的子皮。”子贡说：“不是吧？是齐国的管仲、郑国的子产吧？”孔子说：“我说的没错。我听说鲍叔举荐过管仲，子皮举荐过子产，没有听过管仲和子产举荐过谁。”子贡问：“那么说，能举荐贤人的人，比贤人更优秀？”孔子说：“知道谁是人才，这是智慧；推举人才，这是仁爱；引荐人才，这是义气。三者都有，不是更优秀是什么？”

领悟

孔子的眼光很毒，这就是圣人与众不同的地方。我们只看到管仲之贤，却未能看到大力举荐管仲的背后贤者。子产大胆改革，除旧布新，

① 子皮：郑国上卿，发现子产才能超过自己，便毅然将国政交给子产。

使郑国兴盛。但是在启用人才上，子产却没有子皮那样的胆识。透过现象看本质，永远是我们需要学习的。

6.12

子曰："吐[①]珠于泽，谁能不含。"

——《后汉书·翟酺传》

孔子说："明珠出于水泽，人人都会取来衔在嘴里。"

领悟

优秀是干出来的。只要能合适地表现出个人的优秀之处，就不用担心不会被重用。

6.13

曾子曰："行无求数有名，事无求数有成。身言之，后人扬之。身行之，后人秉之。君子终身守此悒悒。"

——《曾子·子思子》

曾子说："行动不求很快就能做好，做事不求很快就能成功。自己

① 吐：放出，露出。

说过的话，要能够得到后人的宣扬；自己做过的事，要能够得到后人的秉承；君子应该终身诚惶诚恐地恪守这些信念。”

美好的品德、优秀的习惯，是需要时间展示和证明的。儒者不追求立竿见影的功效，而希望扎好根基，从容不迫地教化社会。这句话所透露的，就是这种从容大度和辽阔气象。

6.14

子曰：“良药苦于口，利于病；忠言逆于耳，利于行。”

——《孔子家语·六本》

孔子说：“良药虽然很苦，但对疾病的康复是有利的；忠言虽然刺耳，但对以后的德行操守是有好处的。”

良药之所以成为良药，是因为它经常是苦的。

6.15

子曰：“君子哉！尹绰，面訾①不誉也。”

——《说苑·臣术》

① 訾［zī］：说人坏话。

孔子说："尹绰确实是道德高尚的君子，他当面批评赵简子，而不是当面奉承。"

尹绰是晋国高官赵简子的部下，性格直率，敢于当着首长的面直言犯谏，被称为良臣。好领导必须有好部下，敢于及时规劝，防止出现大问题。否则，好领导也会变成坏领导。

6.16

卫蘧伯玉[①]贤而灵公不用，弥子瑕不肖反任之，史鱼骤谏而不从，史鱼病将卒，命其子曰："吾在卫朝不能进蘧伯玉，退弥子瑕，是吾为臣不能正君也，生而不能正君，则死无以成礼，我死，汝置尸牖下，于我毕矣。"其子从之。灵公吊焉，怪而问焉，其子以其父言告公，公愕然失容曰："是寡人之过也。"于是命之殡于客位，进蘧伯玉而用之，退弥子瑕而远之。孔子闻之曰："古之列谏之者，死则已矣，未有若史鱼死而尸谏，忠感其君者也，不可谓直乎？"

——《孔子家语 · 困誓》

① 蘧伯玉：卫国大夫，名瑗，善于自省。他比孔子大20多岁，与孔子关系密切，孔子到卫国时曾经在他家住过。

蘧伯玉贤能却不被卫灵公重用，弥子瑕不正派反被委以重任。史鱼屡次进谏，卫灵公不采纳。史鱼得病将要去世前，对儿子说："我在卫国做官，却不能举荐蘧伯玉而劝退弥子瑕，是我身为臣子未能扶正君主的过失。生前无法正君，死了无以成礼。我死后，你将我的尸体放在窗下，就算完成丧礼。"儿子遵从了父命。卫灵公前来吊丧时，见此情景感到惊讶并责问，史鱼的儿子报告了父亲的遗命。卫灵公听后很惊愕，说："这是我的过失啊！"于是命令将史鱼的尸体按礼仪安放妥当，重用了蘧伯玉，辞退了弥子瑕并疏远他。孔子听到此事后说："古来有许多敢于直谏的人，但死了便也结束，未有像史鱼这样的，死了以后，还用自己的尸体来劝谏君王，难道这还称不上是正直的人吗？"

春秋大义，是儒家强调的个人在社会生活中应遵循的道德操守。史鱼是卫国的贤臣，孔子曾评价他："国家有道，他的正直像箭一样不会拐弯；国家混乱，他的正直同样如此。"史鱼"尸谏"，在不寻常的创意中，彰显他的公道、正直和无私。

6.17

子曰："食其禄者，必死其事。"

——《孔丛子·记义》

孔子说："享受别人的俸禄，一定为别人分忧甚至是献出生命。"

往往有这种人，享受了人家的高福利，却在背后说人坏话，这是一种不好的行为。

6.18

季桓子以粟千钟[①]饩[②]夫子，夫子受之而不辞。既而以颁[③]门人之无者。子贡进曰："季孙以夫子贫故致粟。夫子受之而以施人，无乃非季孙之意乎？"子曰："何？"对曰："季孙以为惠也。"子曰："然。吾得千钟所以受而不辞者，为季孙之惠，且以为宠也。夫受人财不以成富，与季孙之惠于一人，岂若惠数百人哉。"

——《孔丛子·记义》

季桓子赠送孔子一千钟粮食，孔子毫不推辞就欣然接受。不久，孔子把这些粮食分给弟子中的穷困者。子贡进劝说："季孙氏因为您贫穷，才送您粮食。您接受了却分给别人，这恐怕不符合季氏的本意吧？"孔子说："为何这样说呢？"子贡说："季孙氏是把它作为一种恩惠。"孔子说："是啊。但我得到这千钟粮食，之所以不推辞，是因为它是季氏对我的恩惠，更是对我的一种恩宠和荣耀。接受别人的财物不能使人变得富有，与其让季孙氏的恩惠施与一个人，不如让它惠

---

① 钟：古代容量单位，标准不一，有以六斛四斗为一钟，也有以八斛或十斛为一钟。

② 饩［xì］：赠送人的粮食或饲料。

③ 颁：发下，发给。

及更多的人。”

领悟

孔子之义，就是提倡做事合适、适宜。以自己的薄面承受馈赠，将有用之物转送更加需要的人群，直在其中矣！

6.19

子贡曰：“盟可负邪？”孔子曰：“要盟[①]也，神不听。”

——《史记·孔子世家》

子贡说：“盟约可以违背吗？”孔子说：“在要挟下订立的盟约，神是不会认可的。”

领悟

孔子在蒲地被要挟而订下违心的城下之盟，但他不像迂腐之人，死守所谓的道德，而是实事求是看待这个问题。既然是被迫的，就不具备法律效力，为什么要遵守这个合约呢？

① 要盟：在威势胁迫下订下的盟约，即所谓城下之盟。

6.20

巫马期曰："吾尝闻夫子：'勇士不忘丧其元[①]，志士仁人不忘在沟壑。'"

——《韩诗外传·卷第二》

巫马期说："我曾听先生说：'勇士不能忘记在关键时刻抛头颅、洒热血，志士仁人不能忘记在必要时刻牺牲性命。'"

仁人志士，就是能够为正义事业而抛头颅、洒热血。孟子也说过，如果生存或正义只有一个选项，那么只能是舍生而取义。

6.21

子曰："诗人疾之不能默，丘疾之不能伏。"

——《论衡·对作篇》

孔子说："诗人痛恨它，不能沉默不语；我痛恨它，不能藏在心中不说。"

① 元：头，脑袋。

面对黑暗或者非正义的事情，作为坚守正义的人，就要大声疾呼，投笔从戎，在茫茫的黑暗中，做一盏指示正义方向的明灯。

6.22

君子曷[①]为为《春秋》？拨乱世，反诸正，莫近诸《春秋》。

——《春秋公羊传·哀公十四年》

孔子为什么修订《春秋》？是因为治理乱世，回归正道，没有比《春秋》更接近的事了。

领悟

作为有正义感的人，要利用一切资源，坚决披露历史真相，让正义的事业在史册中永放光芒，让丑恶的面目在历史长河中永远被后人唾骂。

6.23

子曰："我欲载之空言，不如见之于行事之深切著明也。"

——《史记·太史公自序》

① 曷：为什么。

孔子说："我与其空泛地谈论道理，不如举出在位者所作所为来得更加深切显明。"

这就是在位者害怕的原因。如果每个人都能用自己的方法，记录传承是非善恶，让善行得到最大限度地褒扬，让丑陋得到最大限度地鞭挞，就会形成一种对在位者颇具威慑的文化氛围。

6.24

子曰："君子居其室，出其言，善则千里之外应之，况其迩[①]者乎？居其室，出其言，不善则千里之外违之，况其迩者乎？"

——《周易·彖辞上》

孔子说："君子在他自己的屋子里发表言论，如果是好的，即使在千里之外也有人响应，何况是近处的人呢？如发出不善的言论，则千里之外的人也会违背他，何况是近处的人呢？"

人最怕自己做好事没有人知道，其实不需担心，只要你持续努力做

① 迩：近。

好事，老天爷都会知道，何况普通人呢？

6.25

子曰："非所困而困焉，名必辱。非所据[①]而据焉，身必危。"

——《周易 · 系辞下》

孔子说："在不应被困住的地方却被困住，名声必然受辱没。不应依靠的东西而去依靠，自身必然陷入危险。"

领悟

不该得而得，不该行而行，结果必然是凶险的。如果总是喜欢走夜路，哪会不遇见鬼呢？

6.26

子曰："虽受屈而不毁其节，志达而不犯于义。"

——《孔子家语 · 屈节解》

孔子说："即使受委屈也不能失去气节，实现志向也不能有害于义。"

① 据：依靠，凭借。

人最难做到的，是任劳不能任怨。如果能做到任劳任怨，不是君子，就是圣人。

6.27

子张曰："仁者何乐乎山也？"子曰："夫山者，恺然[①]高。""恺然高，则何乐焉。""山，草木生焉，禽兽畜焉，财用殖焉，生财用而无私为，四方皆伐无私与焉。出云雨，以通乎天地之间，阴阳和合，雨露之泽，万物以成，百姓以飨。此仁者之乐于山也。"

——《尚书大传·卷一》

子张说："为什么仁者乐山呢？"孔子说："山，恺然高大。"子张说："山高，有什么可喜欢的呢？"孔子说："山，草木茂盛，鸟兽繁衍，财用所出，正直而无私，四方之民都可取用。兴吐风云，往来通达于天地之间，使阴阳和合，雨露润泽，万物得以生长，百姓都能享受到恩惠，这就是仁者都喜欢山的原因。"

圣人之所以效法于山，是因为山具有君子的崇高品德，最核心的就是正直无私。正直无私，是任何人都能从山中各取所需，但山却毫无索取。

---

① 恺然：鲜明的样子。

6.28

定公问曰："周书所谓'庸庸祗祗，威威显民'，何谓也？"孔子对曰："不失[①]其道，明之于民之谓也。夫能用可用，则正治矣，敬可敬，则尚贤矣，畏可畏，则服刑恤矣。君审此三者以示民，而国不兴，未之有也。"

——《孔丛子·论书》

译文

鲁定公问："《尚书·周书》中说：'用当用之人，敬当敬之人，威当威之人，使人各尽其才。'是什么意思？"孔子回答说："不要违背大道，把它明确地告诉民众。用可用之人则国家大治，敬可敬之人则崇尚贤能，畏可畏之人则遵守刑法。国君能审知这些方面来昭示百姓，而国家不兴旺的，还未曾有。"

领悟

这一条回应了第一条，天下能否得到治理，关键是用人。如果人人具有优秀的品德，凡事公正无私，那么孔子心中的理想国就能实现。

6.29

言不惭、行不耻者，孔子惮焉！

——《法言·修身卷》

① 不失：不丧失，不遗落，不违背。

言论上不需要羞惭，行为上不需要羞耻，连孔子都会敬畏啊！

什么叫心底无私天地宽？就是做到“言不惭、行不耻”！

6.30

曾子曰：“响不辞声，鉴不辞形，君子正一而万物皆成。夫行非为影也，而影随之；呼非为响也，而响和之。故君子功先成而名随之。”

——《曾子·子思子》

曾子说：“音响不会拒绝发出声音，镜子不会拒绝鉴照事物形体。君子端正而万物都会随之成功。人走路不是为了留下影子，而影子却始终伴随着人的脚步。呼喊不是单纯为了发出声响，而声响却伴随着人的呼喊。因此，君子先把事情做成功，名声就随之而来了。”

优秀的史官以手中之笔，书写历史，褒贬乾坤。如果每个人做有益于社会的事情，不是为了在史书上留下“影子”，还担心什么“董狐之笔”呢？

至礼第七

导读：礼是古代重要的道德规范，并由此产生一系列制度规范和礼节仪式。对个人来说，礼就是礼节、礼仪，是人与人交往的基本规范。在当今，尊礼守礼并未过时，要求每个人要与人为善，自觉遵守社会道德规范和法律制度，并成为自身的习惯和气质，由此内化成个人的文化精神。通过文化精神的提升，成为民族的传统文化精神。本篇主要内容选自《礼记》《孔子家语》等。

7.1

子曰："至[1]礼不让，而天下治；至赏不费，而天下士悦；至乐无声，而天下民和。"

——《孔子家语 · 王言解》

孔子说："最高的礼节，是无须谦让而天下大治；最高的奖赏，是无须耗财而天下士人都高兴；最美妙的音乐，是无声而使百姓和睦。"

老子说："大音希声，大象无形。"最伟大的，是最平凡的；最普通的，是复杂的。因此，建议人人简约办事，才能真正体现内涵的富有。

7.2

子曰："礼者何也？即事之治也。君子有其事，必有其治。治国而无礼，譬犹瞽[2]之无相与，伥[3]伥乎其何之？"

——《礼记 · 仲尼燕居》

① 至：极，最。

② 瞽［gǔ］：盲人。

③ 伥［chāng］：迷茫不知所措的样子。

孔子说：“礼是什么？就是做事的方法。君子有要做的事，必定要有做事的方法。治理国家没有礼，好比瞎子走路而没有帮手，迷迷茫茫该往哪里走呢？”

礼是一种崇高的工作规范。为什么说崇高？当你遵守这种规范时，会变得更加有涵养和尊贵，成为高尚的人。对国家来说，用这种规范来治理，这个民族就会成为高贵的民族。

7.3

子曰：“礼也者，理也；乐也者，节也。君子无理不动，无节不作。不能诗，于礼缪；不能乐，于礼素；薄[1]于德，于礼虚。”

——《礼记·仲尼燕居》

孔子说：“礼，就是理；乐，就是节。没有道理的事不做，没有节制的事不为。不懂得赋诗言志，礼节就会出差错；不能用音乐配合，礼节就显得单调；如果是道德浅薄，礼节就显得虚假。”

领悟

礼就是理，这个“理”的含义丰富，因此不做翻译。可以理解为一

① 薄：不充实，不坚强。

种法则，即个人行为的准则，国家治理的准则。孔子重视诗教、乐教、礼教。他认为，礼和乐是紧密联系的。人之学，应“兴于诗，立于礼，成于乐”，音乐为人格修养的最高境界，以音乐为其学习的最终完结。

7.4

孔子谓子夏曰：“礼以修外，乐以修内，丘已矣。”

——《后汉书·张奋传》

孔子对子夏说：“礼是用来修养外在行为的，乐是用来修养内在品德的，我这样做了。”

孔子以个人的切身体会告诉我们，要用乐来培养内在的品德，用礼来规范外在的行为，这样就能成为君子。在当今有很好的借鉴意义：从礼仪方面规范，使人能遵纪守法，培养自己与人为善的胸怀；从音乐方面入手，提高一个人的内涵和气质。

7.5

子曰：“君子不失足于人，不失色于人，不失口于人。是故君子貌足畏也，色足惮[①]也，言足信也。”

——《礼记·表记》

① 惮：使人有所忌惮、有所畏惧而不敢妄为。

孔子说："君子对人的举动没有不得体的地方，对人的表情没有不合适的地方，对人的言语也没有失礼的地方。所以，君子的仪表令人敬畏，神色让人感到威严，言语能够使人信服。"

"三不失"是礼的基本外在表现，能做到不失足、不失色、不失口，就能远离灾祸，受人尊敬。

7.6

子曰："志之所至，诗亦至焉；诗之所至，礼亦至焉；礼之所至，乐亦至焉；乐之所至，哀亦至焉。"

——《礼记·孔子闲居》

孔子说："既有爱民之心至于百姓，就有爱民的诗歌至于百姓；既有爱民的诗歌至于百姓，就有爱民的礼至于百姓；既有爱民的礼至于百姓，就会有爱民的乐至于百姓；既有爱民的乐至于百姓，就会有哀民不幸之心至于百姓。"

"五至"是一种递进的关系，出发点是要有爱民之心，落脚点依然是爱民之心。这个过程必须要用诗书礼乐，才能将出发点和落脚点有机结合起来。

7.7

子曰："小人贫斯约，富斯骄；约斯盗，骄斯乱。礼者，因人之情而为之节文，以为民坊者也。故圣人之制富贵也，使民富不足以骄，贫不至于约，贵不慊[①]于上。故乱益亡。"

——《礼记·坊记》

孔子说："小人贫则窘迫，富则骄横；窘迫了就会偷盗，骄横了就会乱来。礼，就是顺应这种情况而为之制定的制约标准，作为防止民众越轨的堤防。所以，圣人制定出一套富贵贫贱的标准，使富起来的百姓不足以骄横，贫下去的百姓不至于穷困，有社会地位的人不至于对上级不满，所以犯上作乱的事就日趋减少。"

无论贫与富，都要遵纪守法，遵守社会道德规范。当下，一些人总做出不善行为，如侵占他人或公共的利益，随便乱停车、乱按喇叭，随地吐痰或丢垃圾，排队时插队，等等。一般都得不到惩戒，使这些人成了习惯，这对社会公德非常不好。

7.8

子路曰："伤哉贫也！生无以为养，死无以为礼也。"

——《礼记·檀弓下》

① 慊［qiàn］：不满，怨恨。

子路说："贫穷真是太令人伤心了！父母在世时没供养好，去世后又没能力按规矩办丧事。"

领悟

子路是孝子，早年家中贫穷，常常采野菜做饭食，却从百里之外负米回家侍奉双亲。"二十四孝"中"百里负米"讲的就是子路孝道的故事。子路为自己未能尽孝道而深深自责。而今的人，条件更好了，更要像子路一样，真心去孝养父母。

7.9

子曰："啜菽[①]饮水，尽其欢，斯之谓孝。敛手足形，还葬而无椁，称其财，斯之谓礼。"

——《礼记·檀弓下》

译文

孔子说："生前尽管是粗茶淡饭，但只要让父母精神愉悦，就是尽孝。死后尽管衣衾仅够掩藏尸体，敛罢即葬，有棺无椁，但只要是尽财尽力办事，就是合乎丧礼。"

领悟

实际上，孝养父母不是那么难。孔子不是要你没钱去借钱，而是要

---

① 啜菽［chuò shū］：以豆为食。

做到尽力而为，尽量让父母身心愉悦，就是尽到孝道了。

7.10

子曰：“无体之礼，敬也；无服之丧，哀也；无声之乐，欢也。不言而信，不动而威，不施而仁，志。夫钟之音，怒而击之则武，忧而击之则悲。其志变者，声亦随之。故志诚感之，通于金石，而况人乎！”

——《孔子家语·六本》

孔子说：“恭敬，是没有外在形式的礼；悲哀，是没有丧服的丧仪；欢乐，是没有声音的音乐。不说话就有信用，不行动就有威严，不施予就有仁爱，这是心志使然。钟的声音，发怒时敲击则高亢威武，忧伤时敲击则低沉悲凉。心志改变了，声音也随之改变。所以心志真诚有所触动时，和乐器都能相通，何况是人呢？”

领悟

孔子不是那种注重表面形式的迂夫子，他看重的是人内在的精神。你做什么事情，都是发自内心、是最真诚的，老天爷都会保佑你。

7.11

子曰：“祭极敬，不继之以乐；朝极辨，不继之以倦。”

——《礼记·表记》

孔子说：“祭礼要尽量表达敬意，不能以欢乐告终；政事要尽力办好，不可因劳神而草草了事。”

祭祀先人，不在乎大猪大羊，在乎是否恭敬真诚。对待工作也一样，是否恭敬真诚是体现一个人基本素养的试金石。

7.12

曾子曰：“狎[①]甚则相简，庄[②]甚则不亲，是故君子之狎足以交欢，其庄足以成礼。”

——《孔子家语·好生》

曾子说：“亲昵过分就相互怠慢，庄重过分就没有亲切感。因此，君子的亲昵到足以快乐交往的程度就行，君子的庄重到足以成礼的程度即可。”

领悟

礼是待人处世的根本，不是成天作揖行礼，不要太注重繁文缛节，适度就行。

① 狎：亲近而不庄重。

② 庄：严肃，端重。

7.13

子曰："善则称人，过则称己，则民不争。善则称人，过则称己，则怨益亡。"

——《礼记·坊记》

译文

孔子说："有成绩归功他人，有错误归咎自己，民众就不你争我夺。有成绩归功他人，有错误归咎自己，民怨就会日益减少。"

领悟

正确对待名利，多一分谦让，就多一分和谐与尊敬。

7.14

子曰："制度在礼，文为在礼，行之其在人乎！"

——《礼记·仲尼燕居》

译文

孔子说："各项制度都存在于礼中，制度也靠礼来修饰，实行起来还是靠人啊！"

领悟

礼是各种调整人们社会关系的制度总和，需要靠人来实施。但制度是死的，人是活的。做什么事情，没有人是不行的。

7.15

子曰："名从主人，物从中国[①]。"

——《春秋谷梁传·桓公二年》

孔子说："器物的名称应以原主的名称命名，同时又要跟从中原国家的传统叫法。"

礼作为一种制度规范，外化成一种传统文化精神，体现在事物的命名上。这句话也成为著名的命名原则，并对翻译工作产生了较大的影响。

7.16

曾皙嗜羊枣[②]，而曾子不忍食羊枣。公孙丑问曰："脍炙与羊枣孰美？"孟子曰："脍炙哉！"公孙丑曰："然则曾子何为食脍炙而不食羊枣？"曰："脍炙所同也，羊枣所独也。讳名不讳姓，姓所同也，名所独也。"

——《孟子·尽心下》

① 中国：古指中原地区。

② 羊枣：君迁子树的果实，长椭圆形，初生色黄，熟则黑，俗称"野柿子"。

曾皙喜欢吃羊枣，曾子因此不忍心吃羊枣。公孙丑问孟子说：“烤肉和羊枣哪一个味美？”孟子说：“当然是烤肉。”公孙丑说：“既然如此，曾子为何吃烤肉却不吃羊枣？”孟子说：“烤肉是大家喜欢的，羊枣是曾皙独爱吃的。这正如名要避讳而姓不必避讳，姓是大家都用的，而名是某人独用的。”

领悟

吃烤肉是大众喜欢的，而吃羊枣是父亲的独特爱好。凡事都能站在父亲的立场思考问题，不就是体现孝亲吗？

7.17

子贡曰：“冕而亲迎，不已重乎？”孔子曰：“合二姓之好，以继万世之后，何谓已重乎？”

——《春秋谷梁传·桓公三年》

译文

子贡说：“戴着礼帽，穿着礼服去迎亲，是不是太隆重了？”孔子说：“婚姻是两个家族的美满结合，还要延续到子孙万代，怎能说是太隆重了呢？”

领悟

婚姻是人生终身大事，古人用最隆重的礼节来主办，让人们知道婚姻来之不易。今人离婚率高，是否要学习古人的礼仪？

7.18

孔子既得合葬于防，曰：“吾闻之，古也墓而不坟[①]。今丘也，东西南北人也，不可以弗识也。”于是封之，崇四尺。孔子先反，门人后，雨甚，至，孔子问焉，曰：“尔来何迟也？”曰：“防墓崩。”孔子不应，三。孔子泫然流涕曰：“吾闻之，古不修墓。”

——《礼记·檀弓上》

孔子终于把父母合葬于防地，之后他说：“我听说，古时的墓地上是不积土为坟的。现我是个四处奔波的人，不可不做个标志。”于是就在墓上积土，高四尺。孔子先回家，弟子们还在墓地照料，一阵大雨后，弟子们回到家。孔子问他们：“怎么回来这么迟？”弟子说：“防地的墓因雨而坍塌了。”孔子没作声，弟子们连说了三遍。这时，孔子伤心地流下眼泪，说：“我听说过，古人是不在墓上积土的。”

领悟

孔子三岁时父亲就去世了，不知道父亲墓地。他在母亲去世出殡时，停灵在五父大街，在好心人的帮助下，终于找到了父亲的墓地，完成将父母合葬的心愿。至于雨水过大而使坟墓坍塌，倒没有像孔子说的违背礼仪那么严重，算是一场自然灾害吧。

---

① 坟：在墓地上筑起的土堆。

7.19

子贡曰：“昔者夫子之丧颜渊，若丧子而无服，丧子路亦然。请丧夫子，若丧父而无服。”

——《礼记 · 檀弓上》

子贡说：“以前夫子哀悼颜渊，不穿丧服，如同丧子，哀悼子路时也一样。我们悼念夫子，就应像悼念父亲一样，也不穿丧服。”

领悟

这反映出孔子与弟子们如父子般的关系，确实让人叹服，值得当今的老师们学习。

7.20

仲尼之畜狗死，使子贡埋之，曰：“吾闻之也，敝帷不弃，为埋马也；敝盖不弃，为埋狗也。丘也贫，无盖；于其封也，亦予之席，毋使其首陷焉。”

——《礼记 · 檀弓下》

孔子养的狗死了，让子贡去埋葬，说：“我听说，旧的车帷子不扔掉，是为埋葬马时用；旧的车盖不扔掉，是为埋葬狗时用。我很穷，没有旧的不用的车盖；在培土的时候，也给狗盖上席子，不要让土直接埋狗的头。”

尊重生命就是尊重众生，尊重人类，尊重自己。孔子连看家狗死后，都这样恭敬埋葬它，何况是对人的恭敬了。

7.21

孔子食于季氏，不辞，不食肉而飧[①]。

——《礼记 · 玉藻》

孔子在季氏那里吃饭，主人不行推辞之礼，孔子也以非礼相答，尚未食肉就说吃饱了。

孔子说：“非礼勿视，非礼勿听，非礼勿言，非礼勿动。”还要加上这一条：“非礼勿食。”当今某些人杯盘狼藉，非礼而食的太多了。

7.22

子张问政，子曰：“师乎，前，吾语女乎！君子明于礼乐，举而错之而已。”子张复问，子曰：“师，尔以为必铺几筵，升降酌献酬酢[②]然后谓之礼乎？尔以为必行缀

① 飧［sūn］：本义是晚饭。

② 酬酢［chóu zuò］：宾主互相敬酒。

兆[①]、兴羽钥[②]、作钟鼓然后谓之乐乎？言而履之，礼也；行而乐之，乐也。君子力此二者，以南面而立，夫是以天下大平也。”

——《礼记·仲尼燕居》

子张问政。孔子说：“师啊，我之前不是教过你吗？那些知礼仪懂音乐的人，只需在从政过程中运用这些礼乐就行。”子张复问，孔子说：“师，你以为只有铺设几筵，升堂下堂，献酒进馔，举杯酬酢，才算是礼吗？你以为只有在行列位置上扭来扭去，挥动舞具乐器，敲钟击鼓，才算是乐吗？其实，说到做到就是礼；做起来又使人快乐，就是乐。君子只要在这两点上下工夫，不需多么费劲，天下就会太平。”

什么是礼乐？孔子说：“说到做到就是礼；做起来又使人快乐，就是乐。”真是言简意赅！

7.23

子曰：“射者何以射？何以听[③]？循声而发，发而不失正

① 缀兆［zhuì zhào］：古代乐舞中舞者的行列位置。

② 羽钥：同“羽籥”。古代祭祀或宴飨时舞者所持的舞具和乐器。

③ 听：听伴射的曲拍。古代射礼，有音乐伴奏作为节拍。如果射箭的节奏不合乎乐曲的节拍，也为失礼。

鹄[1]者，其唯贤者乎？若夫不肖之人，则彼将安能以中？”

——《礼记·射义》

孔子说：“射箭的人怎样射箭？又怎样使听伴射的曲拍呢？这是难做的事。按照伴射的节拍发射，发射出去而正中靶心的，大概只有贤者才能做到吧！如果是不肖之人，他哪里能谈得上射中呢？”

古人射箭，既是一种礼仪形式，又是一种交往之道。它考验一个人的道德修养，只有心无旁骛、心境清净的人，才能依据音乐节拍，射中靶心。

7.24

定公问于孔子曰：“古之帝王，必郊祀其祖以配天，何也？”孔子对曰：“万物本于天，人本乎祖。郊之祭也，大报本反始也，故以配上帝。天垂象，圣人则之，郊所以明天道也。”

——《孔子家语·郊问》

鲁定公问孔子说：“古代帝王在郊外祭祖时一定要祭祀上天，为何

① 鹄：箭靶的中心。

呢？”孔子回答说：“万物来源于天，人又来源于祖先。郊祭，就是规模盛大的报答上天和祖先的恩惠并反思自己根源的礼仪，所以祭祖时要配祭上帝。上天显示征兆，圣人取法这些征兆，举行郊祭是为了显明天道。”

这段话的核心是“天垂象，圣人则之”，则是效仿。天地万物各自按照其规律运行，人类在社会生活中要很好地利用这些规律。说到底，学习不光靠书本，还要靠勤奋、善于观察和学习。

7.25

孔子出游少源之野。有妇人中泽而哭，其音甚哀。孔子使弟子问焉，曰：“夫人何哭之哀？”妇人曰：“乡者刈[①]著[②]薪而亡吾著簪[③]，吾是以哀也。”弟子曰：“刈著薪而亡著簪，有何悲焉！”妇人曰：“非伤亡簪也，盖不忘故也。”

——《韩诗外传·卷第九》

孔子到少源之野游览，看到一位妇人在水塘边哭得很伤心。他派弟子前去询问说：“您为何哭得这样伤心呢？”妇人说：“我刚才割草时把簪子遗失了，所以悲哭啊。”弟子说：“割草不小心遗失了不是很

① 刈［yì］：割。

② 著［shī］：多年生草本植物。

③ 簪［zān］：用来绾住头发的一种首饰。

值钱的簪子，没必要太悲伤啊。”妇人说：“我并不是为丢失簪子哀伤，而是不能忘记送我蓍簪的故人。”

这是著名的“刈蓍亡簪”的故事。物轻情意重，蓍草制作的簪子不值几文钱，但那份情感却是终身难以忘怀的。

7.26

子曰：“夫易之生人、禽兽、万物、昆虫，各有以生。”

——《大戴礼记·易本命》

译文

孔子说：“阴阳相合产生人类、禽兽、万物和昆虫，因类不同，各有其生成方式。”

领悟

芸芸众生，各有各的生活方式，存在就是合理。人类要在这个环境中，寻找最适合发展的和谐共生方式。

7.27

子曰：“归乎！君子隐而显，不矜[①]而庄，不厉而威，不

① 矜：拘谨，矜持。

言而信。”

——《礼记·表记》

译文

孔子说：“回去吧！君子虽隐居林泉，但声名显著。不必故作矜持而自然端庄，不必故作严厉而自然威严，不说什么而人民自然信任。”

一个人，如果能做到“至礼不让、至赏不费、至乐无声”，就会“不矜而庄，不厉而威，不言而信”，那么无论居住在哪里，都会像芝兰一样芬芳，并感染周边的人和事。

读易第八

导读：读易，即学习《周易》。其目的：一是学习义理，通过学习《周易》相关经文所演绎的道理，作为人生的有益参考；二是学习象数，通过研究卦象、爻象之间的变化关系，预测未来的发展和变化。总之，易学的核心是变化，读易的目的，就是要懂得变通，通晓变化。本篇主要内容选自《周易》《潜夫论》《七纬》等。

8.1

孔子读易，至于损益，喟然而叹。子夏避席问曰：“夫子何叹焉？”孔子曰：“夫自损者必有益之，自益者必有决[①]之，吾是以叹也。”

——《孔子家语·六本》

孔子读《周易》，读到“损”“益”二卦时，长长地叹了口气。子夏离开席位问道：“您为何叹气？”孔子说：“损卦象征损失，但是不停地损失下去，就必定有所得益；益卦象征得益，但是不停地增加自己的得益，就必定会溃决，我因此而感叹。”

领悟

在周易六十四卦中，损卦接下来是益卦，不停地损失，至不能再失时，就必定会增益，所以接着是益卦。不停地增益，必定会溃决而出，所以接下来是夬卦。孔子之“读”，是用心研读，读出了真理。就是做事情没有太圆满的，月圆了必缺，花开了就会有花落，太美好的事物就容易被摧残。因此，人要学会辩证看问题，事物都有好的一面和不好的另一面。

8.2

子曰：“易者，易也，变易也，不易也。管三成德，为

① 决：溃决，溢决，堤岸被水冲开。

道苞籥[①]。"

——《易纬·周易乾凿度》

孔子说："《周易》的'易'字，有三个义项：简易、变易和不变。易道统括了这三者，所以能成为天下道德的关键。"

领悟

孔子三解：一为简易，即大千世界很多道理是人类无法穷尽的，当你懂了就很简单；二为变易，事物都处于变化中；三为不易，能变的事物其背后都有一个不变，这是事物的本体，你悟透了，就成为了圣人。

8.3

子曰："方上古之时，人民无别，群物无殊，未有衣食器用之利。于是伏羲乃仰观象于天，俯观法于地，中观万物之宜，始作八卦，以通神明之德，以类万物之情。"

——《易纬·周易乾凿度》

孔子说："在上古时，人们没有什么区别，万物的状况也没有多少不同，更没有使用衣服、粮食、器物的生活习惯。于是伏羲仰望天空观察天象，俯身观地以察地法，天地之间再考察万物的适宜环境，这

① 籥［bì］：钥匙，一种乐器。

才开始创造八卦，以此来沟通神明之德和类推万物的情理。”

相对于几千年后的人来说，我们也是上古人。也就是说，今人与古人没有差别，都是想采用各种办法，来探索生命的本源并掌握自然的变化规律，因此易学应运而生。

8.4

子曰：“圣人立象以尽意，设卦以尽情伪，系辞焉以尽其言，变而通之以尽利，鼓之舞之以尽神。”

——《周易·系辞上》

孔子说：“圣人制定象数的规范，来充分完整地表达其意。设置六十四卦来穷尽万物的情态真伪，再附加上解说的文辞，充分阐释未能表达的言语。又变通流行以发挥其作用，鼓励之，激扬之，以尽神奇奥妙的能事。”

领悟

这里讲两个意思：一是易的基本表现，即立象设卦，通过效仿天道，设立了卦象，有八个基本卦叫经卦，由八个经卦进行组合为六十四卦，每一卦都有解说的文字。二是易的使用，通过一定的方法，运用经卦来研究分析一些问题。

8.5

子曰："夫易，彰往而察来，而微显阐幽，开而当名，辨物正言，断辞则备矣。"

——《周易·系辞下》

孔子说："《周易》既揭示历史又考察未来，既显现细微又阐明幽隐。创立适当的名称，判别并选择合于道理的言论，判断吉凶的文辞就齐备了。"

领悟

易的作用很多，它包罗万象，你能从中学习到各种知识。可以说，你想要什么，易经就能给你什么。

8.6

子曰："夫《易》何为者也？夫《易》开物成务，冒[1]天下之道，如斯而已者也。"

——《周易·系辞上》

译文

孔子说："《周易》有什么作用？它揭示万物的实相，使人事各得

---

① 冒：蒙盖，涵盖。

其宜，包括天下一切道理，如此而已的一门学问呀。”

易学很深奥，以至于孔子都要花毕生精力来研究。但是确实有内涵，你弄懂了一点，收获就很多。

8.7

子曰：“《易》其至矣乎！”

——《周易·系辞上》

孔子说：“《周易》的道理，达到极限了吧！”

孔子说《易经》的学问，是世界上一切学问的顶点。“易其至矣乎”，就是到了顶点的意思，没有学问可以超过它的范围。这个顶点并不是说能让人做最大的官或者成为首富，而是指通过修养身心，让我们懂得生命其大无外，其小无内的道理，懂得生命的无比广阔。

8.8

子曰：“易先同人，后大有，承之以谦，不亦可乎？”

——《韩诗外传·卷第八》

孔子说：“《周易》中，先是同人卦，后是大有卦，紧接着是谦卦，这个顺序不是很说明问题吗？”

易卦的编排次序，反映了人生的哲理。先“同人卦”，告诫要善于团结人；接着“大有卦”，团结出战斗力，才收获多多；接着“谦卦”，名利有了，要保持谦虚，才能继续“同人”，再创造新的“大有”。

8.9

子路问孔子曰：“猪肩羊膊可以得兆，雚苇藁芼可以得数，何必以蓍龟[①]？”孔子曰：“不然，盖取其名也。夫蓍之为言，耆也；龟之为言，旧也。明狐疑之事，当问耆旧也。”

——《论衡·卜筮》

译文

子路问孔子说：“猪羊的肩胛骨烧灼以后，同样可以得到预兆，用雚苇藁芼这些草同样可以得到运数，为何占卜一定要用蓍草和龟甲呢？”孔子说：“不是这样，大概只是取蓍和龟这两个名字的含义吧。称之为蓍，是指生存时间长；称之为龟，是指年代久远。要辨明疑惑不定的事情，应该请教年岁大、有经历的人。”

① 蓍龟［shī guī］：蓍草和龟甲皆为古时占卜所用器物材料。

蓍即蓍草，龟是龟甲。古人拿这些东西来占卜，合称“蓍龟”。预测源于人类对未来预期的焦虑，因此采用五花八门的方法。这些方法中，有个共同的特点，就是采取了大量的案例分析，建立了自己的数据分析模型，可以说这是大数据分析的开端。

8.10

子曰：“蓍之德圆而神[①]，卦之德方以智[②]。”

——《潜夫论·卜列》

译文

孔子说：“蓍草的品性是圆通的先天智慧，卦象的品性是方正的后天智慧。”

圆就是运转不定，神就是事物不断变化的神奇微妙之理。方是方所、方正的意思，圆通则不定，方正则定，内容、含义便定了。《系辞传》又说“神以知来，智以藏往”(卜筮神妙，因此能对未来有所预见；六爻成形，包藏过往的经验教训)，对“圆而神”“方以智”做了极好的补充说明。

---

① 圆而神：蓍是用蓍草行筮，变化无端，难以预测，故称“圆而神”。

② 方以智：卦是根据蓍筮所得的数字记成爻符，积六爻而画卦成形，相对静止和稳定，故称“方以智”。

8.11

孔子卜，得贲。孔子曰："不吉。"子贡曰："夫贲亦好矣，何谓不吉乎？"孔子曰："夫白而白，黑而黑，夫贲又何好乎？"

——《吕氏春秋·慎行论》

孔子占卜，得到贲卦。孔子说："不吉利。"子贡说："贲卦很好，为何说不吉利呢？"孔子说："白就应该是白，黑就应该是黑，贲卦象征的颜色斑驳不正，好在哪里呢？"

贲卦是下离上艮，"山下有火"之义。卦辞是通达，有所往则有小利。子贡认为卦辞不错，但孔子认为该卦不吉，是认识上的不同。其实，每个卦都可根据不同情况来分析，得出的结论也不尽相同，这也是易卦的玄妙之处。

8.12

公曰："君子何贵[①]乎天道也？"孔子曰："贵其不已也。如日月东西相从而不已也，是天道也；不闭而能久，是天道也；无为而物成，是天道也；已成而明之，是天道也。"

——《礼记·哀公问》

① 贵：值得看重，重视。

鲁哀公问："君子为何重视天道呢？"孔子说："重视它永不停息地运行。日月每天东升西落一样，这就是天道；运行无阻而能长久，这是天道；不见作为而万物生成，这是天道；成就自己而功业得到显扬，这也是天道。"

孔子的"天道论"与老子的思想比较接近。天道运行不息，指人要自强不息。事物发展，必遵循其发展规律。无为而无不为，"功成而弗居"，更是处世的真谛。

8.13

鲁哀公问于孔子曰："人之命与性何谓也？"孔子对曰："分[①]于道谓之命，形于一谓之性。化于阴阳，象形而发谓之生，化穷数尽谓之死。故命者，性之始也；死者，生之终也。有始则必有终矣。"

——《孔子家语·本命解》

鲁哀公问孔子说："人的命和性是怎么回事呢？"孔子回答说："天道中区划出一部分，就是命；各自禀受阴阳刚柔之一种，就是性。由阴阳之气而化育而呈现一定的形体，叫作生；阴阳化育和气数结束之

① 分：从……分离出来。

后，叫作死。所以说，命是性的开始，死是生的终结。有始则必有终。”

死生问题是一切哲学的终极思辨问题，在《论语》中孔子一般不讲。这里，他阐述了性与命、生与死两对有趣的辩证关系，虽然他在几千年前的观点不一定准确，但也不失是一番高论。

8.14

子曰：“吾以观之曰，仁者见为仁几之文，智者见为智几之问，圣者见为通神之文。仁者见之为之仁，智者见之为之智。随仁智也。”

——《易纬·周易乾凿度》

孔子说：“我以《周易》的道理观察世界，可以说，仁者看到了显示仁兆的文章，智者看到了显示智兆的问题，圣者看到了沟通神异的字句。仁者看到这些可实施仁义，智者看到这些可实施智教，一切都随顺着仁爱和智慧这两种品德。”

看待事物，由于立场、观点以及占有材料和思维的不同，得出来的结论也各异，甚至是相反的。这就是所谓的仁者见仁，智者见智。

8.15

子曰："作《易》者其知盗乎？《易》曰：'负且乘，致寇至。'"

——《周易·系辞上》

孔子说："作《周易》的人，大概知道出现盗贼的根由吧？《周易》说：'背负着东西，又且乘在车上，势必招致盗寇。'"

领悟

招摇过市、钱财外露的人，必定会惹来灾祸。

8.16

子曰："贵而无位，高而无民，贤人在下位而无辅，是以动而有悔[①]也。"

——《周易·系辞上》

孔子说："乾卦的上九爻象征着尊贵而失去凭借，崇高而失去民众，虽有贤人但压抑在下层，得不到他们的辅助，所以行动起来必然招致悔恨。"

---

① 动而有悔：乾卦的上九爻辞是"亢龙有悔"。本句为益卦第六爻的爻辞。

如何保持鱼水之情？就是要保持良好的互信关系。孔子说："自古皆有死，民无信不立。"如果人失去信用，就会四处碰壁；国家失去信用，就会自取灭亡。

8.17

子曰："君子安其身而后动，易其心而后语，定其交而后求。君子修此三者，故全也。危以动，则民不与也。惧以语，则民不应也。无交而求，则民不与也。莫之与，则伤之者至矣。《易》曰：'莫益之，或击之，立心勿恒，凶。'"

——《周易·系辞下》

孔子说："君子必先安定好自己而后才有所行动，必须先拥有平静的心态才开始说话，必须先确定与人有了交情而后才向其求助。君子注重这三方面的修养，才能得到安全。自身危险却贸然行动，人们就不会参与。自身恐惧却安抚别人，人们就不会信任。没有交情却求助于人，人家就不会给予帮助。《周易》说：'没有人帮助，甚至有人攻击，而自身心志不坚定，那就危险了。'"

做什么事情，都要扎牢基础。基础不牢，地动山摇。

8.18

子曰："乾坤，其易之门邪？乾，阳物也。坤，阴物也。阴阳合德，而刚柔有体，以体天地之撰，以通神明之德。其称名也，杂而不越。于稽其类，其衰世之意邪？"

——《周易·系辞下》

孔子说："明晓'乾''坤'两卦的义蕴，是通会《周易》的基础。乾代表阳性的事物，坤代表阴性的事物。阴阳之德是相配合的，阴柔阳刚各有其特性。《周易》根据这一基本分类去分别天地生成的一切事物，根据这一基本分析去了解自然造化的内涵，并用各种卦象象征性地表现出来，虽复杂却不紊乱。稽考事类，大概是衰世的意识吧？"

这叫提纲挈领，抓住主要矛盾。学习易经，就要弄明乾、坤两卦的意义。乾为阳，坤为阴，阴阳变化，产生了新的卦象。所以乾卦的象辞说："天行健，君子以自强不息。"

8.19

子曰："苟错诸地而可矣，藉之用茅[①]，何咎之有？慎之至也。"

——《周易·系辞上》

① 茅：白茅，俗称茅草，在古代是纯洁、柔顺的象征。

孔子说："只要慎重，即使祭品放在地上也可以，承垫以白茅，又有什么灾咎呢？是谨慎到极点了。"

本节系解释大过卦的初六爻辞："藉用白茅，无咎。"至诚的心意胜过一切，莫做那些虚情假意的事情，否则，就算黄金铺地，也是不尊贵的。

8.20

子曰："鱼相造乎水，人相造乎道。相造乎水者，穿池而养给①；相造乎道者，无事而生定②。故曰：'鱼相忘乎江湖，人相忘乎道术。'"

——《庄子·大宗师》

孔子说："鱼在水中游，人在追求道术。在水中游的鱼，窟穴泥沙便给养充裕；追求道术的人，无所作为便心性平适。所以说：'鱼相忘于江湖里，人相忘于道术中。'"

人的发展，要懂得把握时机。时机就是在合适的时间、地点以及各

---

① 养给：水中的鱼，只要窟穴泥沙就可以获得足够的供养。

② 定：一说应为"足"字。

种适合的要素聚集的前提下，做出最为合适的行为。

8.21

子曰：“知变化之道者，其知神之所为乎。《易》有圣人之道四焉：以言者尚其辞，以动者尚其变，以制器者尚其象，以卜筮者尚其占。”

——《周易·系辞上》

孔子说：“了解变化规律的人，就了解神明的所作所为。《周易》具备四种圣人之道：如果有所言语则取其彖辞，如果有所行动则取其爻变，如果制作器物则取其易象，如果卜筮则取其占辞。”

领悟

易学的要旨，是警示人要通晓变化。事物是向前发展的，在发展中是变化的，而变化又是有规律可循的。通晓变化，把握规律，与时偕行，不亦圣人乎？

8.22

孔子出，使子路赍[①]雨具，有顷，天果大雨，子路问其

① 赍［jī］：带着。

故。孔子曰：“昨暮月离于毕[①]。”后日，月复离毕。孔子出，子路请赍雨具，孔子不听，出果无雨，子路问其故。孔子曰：“昔日月离其阴，故雨；昨暮月离其阳，故不雨。”

——《论衡·明雩》

孔子出行，让子路带着雨具，一会儿，天果然下起大雨。子路问其中缘故，孔子说：“昨晚月亮经过毕宿。”过几天，月亮又经过毕宿，孔子要出行，子路请求带雨具，孔子说不用，外出果然没雨。子路问缘故，孔子说：“前几天，月亮经过毕宿的北边，因此下了雨；昨晚，月亮经过毕宿的南边，因此没下雨。”

实际上，易学不像想象中的那么玄。它是人通过学习易理，明晓阴阳变化的相互关系，并附之以天文地理的知识，客观判断出自然的变化，也是可行、可信的。

8.23

仲尼鲁人，生不知《易》本，偶筮其命，得《旅》，请益于商瞿氏。曰：“子有圣智而无位。”孔子泣而曰：“天也命也！凤鸟不来，河无图至。呜呼！天命之也。”

——《易纬·周易乾凿度》

① 毕：毕宿。古人认为毕宿和降雨有关，因此称其为雨师。

孔子是鲁国人，原本不知《周易》妙理，偶然占卜自己的命运，得旅卦，并向商瞿氏请教。商瞿氏说："您有圣人之智慧，却没有王者之命运。"孔子流泪说："这就是天意！凤鸟不来这乱世，河图也不能送来。唉！这就是天命。"

孔子喜欢《周易》，说："居则观其象而玩其辞，动则观其变而玩其占。"也就是说，学习其义理是第一位的。当然，也可以玩一玩预测的玩意，这说明孔子在百无聊赖之际，是经常占一卦的。旅卦是下艮上离，与贲卦相反，叫"火山旅"，意味着奔波劳碌的人生啊！

8.24

代羲作八卦，文王演为六十四，孔子作《彖》《象》《系辞》。

——《论衡·谢短》

伏羲作八卦，周文王推演成六十四卦，孔子作《彖辞》《象辞》和《系辞》。

这些基本是传说，姑且信之吧。

8.25

子曰："危者，安其位者也。亡者，保其存者也。乱者，有其治者也。是故君子安而不忘危，存而不忘亡，治而不忘乱，是以身安而国家可保也。《易》曰：'其亡其亡，系于苞桑。'"

——《周易·系辞下》

孔子说："处于危险的人，是因为先前安逸于他的职位上。灭亡的家国，是因为先前自以为国家可以长存。社会发生动乱的，在过去却是社会安定的。所以君子必须居安思危，在安定的时候不忘危险，治理的时候不忘祸乱，以如此的谨慎之心，确保自身安全，国家安定。《周易》说：'快要灭亡了，快要灭亡了！国家的命运如同系在嫩弱的苞草桑枝上一样危险。'"

《易经》的道理，运用了大量的辩证法思想，居安必思危，物极则必反。因此说，《易经》是辩证法的集大成者并不为过。

8.26

子曰："德薄而位尊，知小而谋大，力少而任重，鲜不及矣。《易》曰：'鼎折足，覆公餗[①]，其形渥[②]，凶。'言不胜

① 餗［sù］：古代指鼎中的食物，后泛指美味佳肴。

② 形渥：形通刑，指刑罚；渥，即厚或重。引文为鼎卦第四爻的爻辞。

其任也。”

——《周易 · 系辞下》

译文

孔子说：“德行鄙薄而地位尊贵，智慧浅陋却谋划大事，力量微小却肩负重任，很少不遭遇灾难。《周易》说：‘鼎的脚折断了，倾覆了鼎中的珍馐美味，也玷污了鼎身，这是凶险的象征。’讲的就是能力不能胜任职事。”

本篇以此为结论，也是体现辩证的思想以及要通晓变化的行为观。处于尊位的人，要经常警醒，自己的才德是否胜任。处于下位的人，也要思考自己有没有可以努力的空间，是否能改变自己所处的位置。

惟学第九

导读：本篇取名“惟学”，寓意是只有学习，才能完善自我、超越自我。孔子是如何学习的？本篇中的例子，从一个侧面看到圣人是如何炼成的。只有学习并实践，才是成功的唯一途径，也是成就自我的唯一途径。本篇主要内容选自《尚书大传》《新序》《子思子》《说文解字》等。

9.1

子曰:“可与言终日而不倦者,其惟学乎!”

——《韩诗外传 · 卷第六》

孔子说:“可以和人整日探讨却毫不疲倦的,只有学问了。”

领悟

这个问题很尖锐,也很中肯。当下,某些人尤其是小有成就的人在一起,谈吐的是低俗的东西,应引起注意。

9.2

子曰:“君子不可以不学,见人不可以不饬。不饬无貌[①],无貌不敬,不敬无礼,无礼不立。”

——《大戴礼记 · 劝学》

译文

孔子说:“君子不可以不学习,见人之前衣着不能不整齐。不整齐就没有好的仪表,没有好的仪表就是不尊重人,不尊重人就是没有教养,没有教养就不能立身处世。”

---

① 貌:外貌,外在的仪表。

领悟

内外兼修很重要，不断学习是修内，注重仪表是修外。与人相见时，适当的打扮是对别人的尊重。在交际频繁的社会里，修饰外表和内心同样对事业的成功起着关键作用。

9.3

子曰：“君子有三思而不可不思也：少而不学，长无能也；老而不教，死无思也；有而不施，穷无与也。”

——《荀子·法行》

译文

孔子说：“君子有三思是不得不考虑的：少时不学，长大了就没才能；老年时不能教育人，死后就没人怀念；富有时不施舍，贫穷了就没人帮助。”

领悟

“君子三思”和“三思而行”同等重要，其核心是君子要做对的事情。什么事情是对的？在人生的每个时间段里，必须做该做的事情。

9.4

鲁哀公问子夏曰：“必学，而后可以安国保民乎？”子夏曰：“不学而能安国保民者，未尝闻也。”

——《新序·杂事》

鲁哀公问子夏说："难道只有学习，才可以保国安民吗？"子夏说："不学习而能保国安民的，我还没有听过。"

这个问题有很多例子。五代十国时，那些皇帝就像走马灯一样，为什么很快倒台，就是跟缺少文化、不学王道有很大关系。

9.5

子思问于仲尼曰："物有形类，事有真伪，必审之。奚由？"仲尼曰："由乎心。心之精神[①]是谓圣，推数究理，不以物疑，周[②]其所察，圣人难诸。"

——《子思子·无忧》

子思问孔子说："物有形类，事有真伪，一定要认真审察。怎样做呢？"孔子说："用心。心的精神是圣明的，用心去推算物数，穷究事理，不被外物所困惑，周到地审察，恐怕圣人也难以做到吧。"

事物很复杂，尤其是我们这个浮躁的时代，各种真伪防不胜防，如

① 精神：意识、思维、神志。

② 周：周到，处处留意。

何透过现象看到本质？就是这颗真心。真心是真实无妄之心，安静祥和之心，才是圣明的。

9.6

子曰："吾尝终日思矣，不如须臾[①]之所学。"

——《大戴礼记·劝学》

孔子说："我曾经整天地思考，但比不上片刻实践的效果。"

只为学习而学习，那是读死书，变成书呆子。学以致用，才是学习之道。

9.7

子曰："不学而好思，虽知不广矣；学而慢其身，虽学不尊矣。不以诚立，虽立不久矣；诚未著而好言，虽言不信矣。美材也，而不闻君子之道，隐小物以害大物者，灾必及身矣。"

——《韩诗外传·卷第六》

① 须臾：片刻，暂时。

孔子说：“不学习却专注思考，即使聪明，知识也无法广博；学习却不重视自身修养，即使有知识，也不会有高尚品格。不以真诚立身处世，不会长久。不诚信却喜欢许诺，是不会取信于人的。如果具备优秀的才能，却不懂君子之道，关注小事以致损害大义，灾祸就必定降临到他身上来。”

领悟

思维需要材料，材料来自生活。立身处世，当以学习为本，以真诚为原则，以正义为信念，就不会贪图小利而坏大事也。

9.8

读易，韦编三绝。

——《史记 · 孔子世家》

孔子读《周易》勤奋刻苦，把编穿书简的牛皮绳子弄断了好多次。

领悟

这是本次修订唯一增加的，选自《史记 · 孔子世家》。没有放在《读易》篇，主要是让大家看到圣人是如何用功学习的。对此我更深信鲁迅先生两句话：“我不是什么天才，只是将别人喝咖啡的时间全都用在学习上。”“时间就像海绵里的水，你去挤一挤它就有了。”

9.9

子曰："博学之，审问之，慎思之，明辨之，笃行之。"

——《中庸》

译文

孔子说："博采众长地学习，刨根问底做学问，辩证思维想问题，明辨是非与得失，脚踏实地地实行。"

领悟

这里讲述为学之道，主要有五个次序：首先是博学，要兼收并蓄，博采众长；其次是审问，要刨根问底，吃透事物，认清其实质；第三是慎思，要辩证思考问题，探求真谛，把握规律；第四是明辨，要辨别是非，分清黑白，判定真伪；第五是笃行，要践行所学知识，锲而不舍地实践，才能成就卓越。

9.10

曾子曰："君子攻其恶，求其过，强其所不能，去私欲，从事于义，可谓学矣。"

——《大戴礼记·曾子立事》

曾子说："君子去除不好方面，查找自身过失，强化不具备的才能，去掉欲望，做合适的事情，可称得上好学了。"

学习是每天使知识增长，增加正能量。每天多反省，减少自身的不足，这也是增加正能量。

9.11

子曰：“一贯三为王。”又曰：“推十合一为士。”

——《说文解字》

译文

孔子说：“能同时参悟、贯通天、地、人三道之人，就是王。”他又说：“能把繁杂的现象归结为简单的规律的人就是士。”

领悟

古人创造文字，非常有意义。在每个字中，深藏着民族优秀文化，真是好！一个“王”字，让我们知道了“天地人”三才之道。一个“士”字，让我们学习到掌握知识的科学方法。

9.12

子曰：“书不尽言，言不尽意。”

——《周易·系辞上》

孔子说：“文字表达不尽心里的话，言语也表达不尽心中的意念。”

文字只能表达简单的意思，无法表达真挚的情感。同样的文字，各人理解各不同，才有了现在的语意学。

9.13

曾子之妻之市，其子随之而泣。其母曰：“女还，顾反为女杀彘[①]。”妻适市来，曾子欲捕彘杀之。妻止之曰：“特与婴儿戏耳。”曾子曰：“婴儿非与戏也。婴儿非有知也，待父母而学者也，听父母之教。今子欺之，是教子欺也。母欺子，子而不信其母，非所以成教也。”遂烹彘也。

——《韩非子·外储说左上》

曾子的妻子要到集市，儿子跟在后面哭。其母说：“你回去，等我回家后为你杀一头猪。”妻子从集市回来，看到曾子将要杀猪。妻子制止他说：“刚才不过是与孩子开玩笑。”曾子说：“孩子是不能开玩笑的。他不懂事，要靠父母而逐步学习，并听从父母教诲。如今你欺骗他，是教他学欺骗。母亲欺骗孩子，子女就不会相信母亲，这不是教育的方法。”于是烹杀了那头猪。

“曾子杀猪”的故事很有名，说明教育方法的重要性。今天你教导孩

① 彘［zhì］：豕也，即猪。

子什么，明天他就会回答什么、回馈什么。今天你骗了他，明天他不仅会骗你，还会骗更多的人。

9.14

子曰："口欲味，心欲佚，教之以仁；心欲兵，身恶劳，教之以恭；好辩论而畏惧，教之以勇；目好色，耳好声，教之以义。"

——《韩诗外传·卷第二》

孔子说："口想吃美味，心想图安逸的人，要教给他仁爱；心好战，身厌劳的人，要教给他谦恭；喜欢辩论却胆小怕事的人，要教给他勇敢；贪恋美色，爱好淫乐的人，要教给他大义。"

领悟

教育要采用什么方法呢？要因人而异，因事而异。孔子教导学生，就是根据学生不同的禀赋，因时因地地实施启发式教育，因而效果就不一样。

9.15

子曰："六艺于治一也。礼以节人，乐以发和，书以道事，诗以达意，易以神化，春秋以义。"

——《史记·滑稽列传》

孔子说："六经对于治理国家来讲，作用是相同的。《礼》是用来规范人的生活方式的，《乐》是用来促进人们和谐的，《书》是用来记述往古事迹和典章制度的，《诗》是用来抒情达意的，《易》是用来窥探天地万物的神妙变化的，《春秋》是用来通晓微言大义的。"

这是孔子的文化课内容，"礼"是第一位的，人不懂礼仪、礼节，连基本礼貌都不懂，即使钱再多，也只是一个庸俗之人。

9.16

子张问圣人之所以教。孔子曰："师[①]乎，吾语汝，圣人明于礼乐，举而措之而已。"

——《孔子家语·问玉》

子张问圣人是怎样进行教化的。孔子说："子张啊，我告诉你，圣人精通礼乐，只不过把它们施行而已。"

孔子的家门有"诗礼传家"之说，礼是使人内修涵养，外修仪表，加上乐的熏陶，这样就有了文化的韵味。有了文化的武装，即使是乞丐，

① 师：子张复姓颛孙，名师，字子张，春秋时期陈国人，孔门十二哲之一。

也不可小看他。

9.17

曾子曰："君子爱日以学，及时以行，难者弗辟，易者弗从，唯义所在，日旦就业，夕而自省思，以殁其身，亦可谓守业矣。"

——《大戴礼记·曾子立事》

译文

曾子说："君子爱惜时光以便学习，抓紧时机将所学付诸行动，困难的事不逃避，容易的事不随从，只看义在哪里，每天晨起攻治学业，晚上反省思考，一直坚持到死的那一天，这可说是守住前人的基业了。"

领悟

时间如流水，转瞬人变老。学习虽然没有年龄的限制，毕竟从小开始效果会更好。学习是终生的事业，一生如果专注于一点，你将成为这方面的名家。

9.18

孔子学鼓琴师襄子，十日不进。师襄子曰："可以益矣。"孔子曰："丘已习其曲矣，未得其数也。"有间，曰："已习其数，可以益矣。"孔子曰："丘未得其志也。"有间，曰："已习其志，可以益矣。"孔子曰："丘未得其为人也。"有间，有所穆然深思焉，有所怡然高望而远志焉。曰："丘得其为人，黯然而黑，几[①]然而长，眼如望羊[②]，如王四国，非文王其谁能为此也！"师襄子辟席再拜，曰："师盖云文王操也。"

——《史记·孔子世家》

孔子向师襄子学弹琴，十天也没学新曲子。师襄子说："可以学新曲了。"孔子说："我熟习乐曲，但没熟练地掌握弹琴技法。"过了些日子，师襄子说："你已熟习弹琴的技法，可学新曲子了。"孔子说："我还没领会乐曲的意蕴。"又过些日子，师襄子说："可学新曲了。"孔子说："我还没体会出作曲者是怎样一个人。"又过些日子，孔子神情庄重，思考着什么，接着又心旷神怡，显出志向远大的样子。他说："我悟出作曲者了，他肤色黝黑，身材高大，目光深邃远望，好像是统治四方的王者，不是周文王又有谁呢！"师襄子离开坐席给孔子拜了两拜，说："我老师说过，这是《文王操》啊！"

孔子钻研的精神值得学习。其实，读书并非读得多，学问就多，关键在于读深、读透、读懂。读烂一本书，胜读十本书。

9.19

孔子谓南宫敬叔曰："吾闻老聃博古知今，通礼乐之原，

① 几：通"颀"，颀长。

② 望羊：亦作"望洋"，远视的样子。

明道德之归，则吾师也，今将往矣。”

——《孔子家语 · 观周》

译文

孔子对南宫敬叔说：“我听说老子博古通今，通晓礼乐的起源，明白道德的归宿，他就是我的老师，我要向他求学。”

领悟

孔子说“三人行必有我师”，并一生践行这个诺言。“子入太庙，每事问。”进入国君的祖庙，不懂就问，难怪别人低声讥笑他不知礼，孔子说这就是礼。如果能时时学习，拜身边的人为师，你不成为名家都难。

9.20

孔子适周，将问礼于老子。老子曰：“子所言者，其人与骨皆已朽矣，独其言在耳。且君子得其时则驾，不得其时则蓬累而行。吾闻之，良贾深藏若虚，君子盛德容貌若愚。去子之骄气与多欲，态色与淫[①]志，是皆无益于子之身。吾所以告子，若是而已。”孔子去，谓弟子曰：“鸟，吾知其能飞；鱼，吾知其能游；兽，吾知其能走。走者可以为罔，游者可以为纶，飞者可以为矰[②]。至于龙，吾不能知其乘风云而上天。吾今日见老子，其犹龙邪！”

——《史记 · 老子韩非列传》

① 淫：放纵。

② 矰［zēng］：古代用来射鸟的拴着丝绳的短箭。

译文

孔子前往周朝都城，向老子问礼。老子说：“你所提之事，那些人及其尸骨都已腐朽，只有言论还在。而且君子有机遇，就服侍君主；没有时机，就如蓬草随风而动。我听说，善于经商者深藏其财如同没有；君子有盛德，其容态就像愚夫。去掉你身上的骄气和欲望，以及矜持态度和过多志向，这些对你毫无益处。我只能告诉你这些。”孔子回去后，对弟子说：“鸟，我知其能飞；鱼，我知其能游；兽，我知其能走。走兽可以网捕，游鱼可以线钓，飞鸟可以箭射。至于龙，我就不知道了，它可以乘风云而直上九天。我今天见到老子，他不就像是龙吗？”

老子教导孔子主要三点：一是人总是要死的，只有他的精神不死，留下的言论不灭；二是把握好时机，该进则进；三是保持谦虚谨慎，这样才能赢得最大限度的支持。

9.21

孔子不出三月，复见曰：“丘得之矣。乌鹊孺，鱼傅沫，细要者化[①]，有弟而兄啼。久矣夫丘不与化为人！不与化为人，安能化人？”老子曰：“可。丘得之矣！”

——《庄子·天运》

① 细要者化：“要”通“腰”，细腰者即纯雄无雌的土蜂，取来螟蛉幼虫抚养，使它长得像自己。

孔子经三月闭门后，又见到老子说："我得道了。乌鸦喜鹊孵化而生，鱼儿借助水里的泡沫生育，土蜂转化而生。弟弟出生，哥哥失爱就啼哭。很长时间了，我未能跟万物的自然变化相识为友。不能如此，又怎能教化他人？"老子听了后说："好。孔丘得道了！"

孔子学习的特点是善于钻研，他曾经学习《韶乐》，痴迷到三个月不知道肉味。他关门钻研老子的学说也三个月，总结出一条至理：事物发展各有因缘，一切顺其自然。

9.22

孔子病，商瞿[①]卜，期日中。孔子曰："取书来，比至日中，何事乎？"

——《论衡·别通》

孔子病重，商瞿占卜他将于中午去世。孔子说："拿书来吧，不然到中午之前有什么可做呢？"

领悟

什么叫圣人？什么叫好学？据说学生给孔子占卜，预测中午就要去

① 商瞿：字子木，春秋末年鲁国人，比孔子小二十九岁，对易理研究得很深，卜易灵验。

世，他老人家不发愁、不叹气，还抓紧时间学习，令人感动。

9.23

子曰："君子有三忧：弗知，可无忧与？知而不学，可无忧与？学而不行，可无忧与？"

——《韩诗外传 · 卷第一》

孔子说："君子有三种忧虑：不晓得有大道，能高枕无忧吗？晓得有大道却不去学习，能高枕无忧吗？学了却不身体力行，能高枕无忧吗？"

如果人人懂得"三忧"，国民素质肯定很高。

9.24

道吾问之夫子："多所知，无所知，其身孰善者乎？"对曰："无知者，死人属也；虽不死，累人者必众甚矣。然多所知者好，其用心也多；所知者出于利人即善矣，出于害人即不善也。"

——《说苑 · 杂言》

道吾问孔子说："知识丰富和知识贫乏，对自身来说哪一种好？"孔子说："知识贫乏，是死人一类的人；即使不死，拖累别人一定严重。然而知识丰富的人，喜欢使用心计。知识丰富的人，出于有利于别人的话就好，出于陷害别人的话就不好。"

领悟

无论是知识多或是知识少，关键是要活学活用。知识多，但执死理，诗书也是杀人剑。知识少，但不自爱，就会处处惹人嫌。

9.25

东郭子思问于子贡曰："夫子之门何其杂也？"子贡曰："夫隐括之家多枉木，良医之门多疾人，砥砺之旁多顽钝。"夫子闻之曰："修道以俟[①]，天下来者不止，是以杂也。"

——《尚书大传·卷三》

译文

东郭子思问子贡说："孔先生的弟子为什么这么杂呢？"子贡说："矫正器旁边才会有很多弯曲的竹木，良医门下才会有很多病人，磨石之旁才会有很多使钝的工具。"孔子得知后说："加强修养等待将来的使用，求学的人才不断到来，因此才会有点杂。"

---

① 俟［sì］：等待。

孔子的弟子三千，贤者七十二。三千弟子鱼龙混杂，这是真的。但是孔子有教无类，因材施教，即使小偷小摸的人，在这里也能矫正成为良木，这就是名师的功德啊。

9.26

子路性鄙，好勇力，志伉直[①]，冠雄鸡，佩豭豚[②]，陵暴孔子。孔子设礼稍诱子路，子路后儒服委质，因门人请为弟子。

——《史记·仲尼弟子列传》

子路性情粗鄙，喜欢逞勇斗力，志气刚强，性格直爽，头戴雄鸡式的帽子，佩戴着公猪皮装饰的宝剑，曾经欺凌孔子。孔子用礼乐慢慢地诱导他，后来，子路穿着儒服，带着拜师的礼物，通过孔子学生的引荐，请求做孔子的学生。

子路就是一个典型。未师从孔子之前，是一个不算坏人的无赖，经常斗狠，还有些手脚不干净。被孔子调教后，成为一名智勇双全的人，备受崇敬。

---

① 伉直：刚直。

② 豭豚［jiā tún］：泛指公猪。

9.27

子贡事孔子，一年，自谓过孔子；二年，自谓与孔子同；三年，自知不及孔子。当一年二年之时，未知孔子圣也，三年之后，然乃知之。

——《论衡 · 讲瑞》

译文

子贡侍奉孔子，一年，自认超过孔子；两年，自认与孔子相同；三年，才知道不及孔子。当师事孔子一二年时，子贡还不知孔子是圣人，三年后才认识到这点。

领悟

子贡自视甚高，家庭环境也好。聪明人最难调教，因为你要比他更聪明。事实上，如果讲商道，孔子还要拜子贡为师。但是，孔子教给子贡的，只是简单的做人道理，就让子贡受用无穷，终生敬师如父。

9.28

原宪曰："吾闻之，无财者谓之贫，学道而不能行者谓之病。若宪，贫也，非病也。"

——《史记 · 仲尼弟子列传》

译文

原宪说："我听说，没有财富叫作贫穷，学道而不能施行叫作不得志。像我是贫穷，不是不得志。"

子贡做了卫国的国相，车马喧哗来到偏远、简陋、破败的小屋看望原宪。原宪理好破旧衣帽出来相见，最后子贡惭愧离去。人不能有傲气，但不可无傲骨。原宪体现了读书人的志气，贫穷不可怕，怕的是精神上的贫穷。当今之人，富贵而精神贫穷者甚多，难道不能向原宪学习吗？

取人第十

导读：本篇命名“取人”有三义：一是如何看人、辨人和用人，这关系事业的成败；二是交往之道，建立强大的人际关系，对个人成长非常重要；三是加强个人修养，只有自己足够强大，才能得到更高层次的人的认同和帮助。本篇主要内容选自《史记》《法言》《列子》《孔丛子》等。

10.1

子曰："吾以言取人，失之宰予；以貌取人，失之子羽。"

——《史记·仲尼弟子列传》

孔子说："我只凭言辞判断人，对宰予的判断就错了；单从相貌上判断人，对子羽的判断就错了。"

领悟

看人最难，孔圣人也有看错的。必须通过交往，才能深入了解。你没有经历过，就永远不能吸取教训。如果只重外表、先入为主和跟着感觉走，这就是"印象派"了。

10.2

鲁哀公问于孔子曰："请问取人。"孔子对曰："无取健，无取詌[①]，无取口啍[②]。健，贪也；詌，乱也；口啍，诞也。故弓调而后求劲焉，马服而后求良焉，士信悫[③]而后求知能焉。士不信尒[④]而有多知能，譬之其豺狼也，不可以身尒也。语

① 詌［gàn］：通"钳"，恶。

② 啍［zhūn］：话多。

③ 悫［què］：诚实。

④ 尒［ěr］：古同"尔"。出自《国风·邶风·雄雉》。

曰：'桓公用其贼，文公用其盗。'故明主任计不信怒，闇[①]主信怒不任计。计胜怒则强，怒胜计则亡。"

——《荀子·哀公》

鲁哀公问孔子说："请问怎样选取人才？"孔子回答说："不选争强好胜的，不选钳制别人的，不选能说会道的。争强好胜，往往贪得无厌；钳制别人，往往犯上作乱；能说会道，往往弄虚作假。所以弓先要调好，然后才求其强劲；马先要驯服，才求其成为良马；人才要诚实，才求其聪明能干。一个人如不诚实却又聪明能干，犹如豺狼，是不可靠近的。俗话说：'齐桓公任用逆贼，晋文公任用强盗。'明君根据利害得失来选用人而不凭感情用事，昏君凭感情来选用人而不根据利害得失。权衡利害得失超越感情用事的就能强盛，偏执于感情用事的就会灭亡。"

孔子提出了选拔人才三条原则，即不选拔争强好胜、钳制别人、能说会道的人。其背后原因是这些人太过自我，即个人色彩太浓。凡是过于自我的人，就不能担当重任。

10.3

子曰："审吾所以适人，适人之所以来我也。"

——《荀子·王霸》

① 闇［àn］：同"暗"。

孔子说：“看我怎样待别人，别人就会怎样待我。”

领悟

人际关系永远是双向互动的。你爱别人，人家就爱你。《圣经·新约》中的一句话：“你想人家怎样待你，你也要怎样待人。”又称“为人法则”，几乎成了人类普遍遵循的处世原则。

10.4

诗曰：“瞻彼日月，悠悠我思。道之云远，曷云能来。”子曰：“伊稽首[①]不其有来乎？”

——《荀子·宥坐》

《诗》云：“遥望日月，我深深地思念。道路遥远，何时才能回来啊？”孔子说：“如果志同道合，即使道路遥远，人们能不归来吗？”

交友之道，贵在志同道合。正所谓：“道不同不相为谋。”

① 稽首：按照清末俞樾的解释：稽，同也；首，通道；稽首，同道也。

10.5

或问治己。曰："治己以仲尼。"或曰："治己以仲尼，仲尼奚寡也？"曰："率马以骥，不亦可乎？"

——《法言·修身》

译文

有人问怎样修养自己。回答说："用孔子作标准。"又问："既然用孔子做标准，像孔子那样的人为何那么少？"回答说："用良马来引导一般的马，不也可以吗？"

领悟

这个社会是要树立一些典型。以前典型少，大家印象深。现在单位的先进、优秀多了，大家不当回事。看来，标准还是要高一点。

10.6

孔子将行，雨而无盖。门人曰："商也有之。"孔子曰："商之为人也，甚吝于财，吾闻与人交，推其长者，违其短者，故能久也。"

——《孔子家语·致思》

译文

孔子要出行，下雨了车子却没有伞盖。弟子说："卜商有。"孔子说："卜商为人，非常吝啬钱财。我听说与人交往，要推重他的长处，避免其短处，这样交往才能长久。"

“甚吝于财”的“吝”有争议，有些地方为“短”，说子夏家贫，老师不忍用他的。但也表明，做事情要懂得同情别人，推人之长，避人之短，才能够相交长久。

10.7

子路问于孔子曰：“有人于此，披褐[①]而怀玉，何如？”子曰：“国无道，隐之可也；国有道，则衮冕而执玉。”

——《孔子家语·三恕》

子路问孔子说：“如今有这样的人，身怀才智而不显露于外，这样做怎么样？”孔子说：“国无道，可隐居起来；国有道，则可为政而一展才华。”

领悟

学成一身本领，是要出来找工作的。不出来找工作是有条件的，那就是世道不太平，出来也枉然。贤人出世，把握时机很重要。

10.8

子曰：“弟子记之，桓公，霸君也；管仲，贤佐也；犹有

① 褐［hè］：粗布或粗布衣服，比喻贫寒。

以智为愚者也，况不及桓公管仲者也。”

——《说苑 · 政理》

孔子说：“弟子记住，齐桓公是霸主，管仲是贤相，尚且把智者当作愚蠢的人，何况比不上桓公、管仲的人。”

领悟

不论是看人，还是学习，都要保持谦虚谨慎之心。不被浮云遮住眼，就要站在最高台。

10.9

子曰：“多货则伤于德，币美则没礼。”

——《仪礼 · 聘礼》

孔子说：“占有太多的财物就会损害道德，财物奢侈就会吞没礼义。”

领悟

没有成功时，人的精神状态是最好的；一旦成功了，反而堕落了。人的欲望之洞是无法填满的，世界上美好的事物很多。既然如此，还不如斟一杯浊酒，持清风明月，让自己心境清净吧。

10.10

子曰：“君子贵人而贱己，先人而后己，则民作让。”

——《礼记·坊记》

孔子说：“君子尊重别人而贬抑自己，先人而后己，民众就会兴起谦让之风。”

领悟

谦让是极为重要的社会美德，如果人人能礼让于别人，社会就会和谐。

10.11

子曰：“君子约[①]言，小人先言。”

——《礼记·坊记》

孔子说：“君子说少做多，小人言多做少。”

领悟

“宁吃过头饭，不说过头话。”其实，做任何事情过头了，都是不好。

---

① 约：简要。

孔子也批评这种做法，“过犹不及”，做过了和不达标都是不对的。

10.12

子曰：“君子不以色亲人。情疏而貌亲，在小人则穿窬[①]之盗也与？”

——《礼记·表记》

孔子说：“君子不用虚假表情去讨好别人。如果感情疏远而貌似亲密，拿小人来做比方，不就是钻墙洞的小偷吗？”

孔子经常批评这种人，“巧言令色鲜矣仁”，“巧言、令色、足恭，左丘明耻之，丘亦耻之”。虚情假意的人，好像夏日脸上挂着霜花。

10.13

子曰：“情欲信，辞欲巧。”

——《礼记·表记》

孔子说：“感情要真挚，言辞要讲究技巧。”

① 窬［yú］：从墙上爬过去。

领悟

与人交往，感情真挚是第一位的。如果言辞还讲技巧，就更加完美了。

10.14

子曰："弦则是也，其声非也。"

——《淮南子·缪称训》

译文

孔子说："琴还是这把琴，但弹出的琴声却不一样。"

领悟

音乐很受人的情感影响，心境不同，弹出来的声调就不同。人也一样。同样一个人，在不同的环境条件下，心境决定这个人的成败。

10.15

子曰："君子辞贵不辞贱，辞富不辞贫，则乱益亡。"

——《礼记·坊记》

孔子说："君子推辞高贵而不推辞卑贱，推辞富有而不推辞贫穷，作乱的事情就会日趋消亡。"

人能够安贫乐道，社会风气就会变好。如今互相攀比的风气很盛，需要在社会上进行鞭策，多宣扬保持节俭、不与别人攀比的好人好事，形成一种正确的导向。

10.16

子曰："唯君子能好其正，小人毒[①]其正。"

——《礼记·缁衣》

孔子说："只有君子能够喜好对自己正言规劝的人，小人则仇恨对自己正言规劝的人。"

向别人建言献策，要看清楚对象，如果是道不同者，就不要与虎谋皮，自添烦恼。

10.17

子曰："可人也，吾任其过；不可人也，吾辞其罪。"

——《大戴礼记·曾子立孝》

① 毒：恨，以为苦。

孔子说："能自我反省的人，我不会指责他的过错；不懂自我反省的人，我责备他的罪过。"

以直待人，是需要提倡的。对别人出现的问题，尽量能善意地指出来。

10.18

人或问孔子曰："颜回何如人也？"曰："仁人也。丘弗如也。""子贡何如人也？"曰："辩人也，丘弗如也。""子路何如人也？"曰："勇人也，丘弗如也。"宾曰："三人皆贤夫子，而为夫子役，何也？"孔夫子曰："丘能仁且忍，辩且讷，勇且怯，以三子之能，易丘一道，丘弗为也。"

——《淮南子·人间训》

有人问孔子说："颜回是怎样的人？"孔子说："仁慈的人，我不如他。"又问："子贡呢？"孔子说："善于辞令的人，我不如他。"又问："子路呢？"孔子说："勇敢的人，我不如他。"客人说："他们都比你行，却听从您教诲，这是为何呢？"孔子说："我既能仁慈又能下决断，既能辩说又有时显得嘴笨，既勇敢又胆怯。拿他们三个人的长处加起来，来换我这种之道，我还不愿意呢！"

孔子说："三人行必有我师。"这里应改为："三人行我取其长。"每个人都有长处，只能叫一技之长。成大事者则不同，能够融汇众长，完善自我。

10.19

哀公问于孔子曰："吾闻夔[①]一足，信乎？"曰："夔，人也，何故一足？彼其无他异，而独通于声。尧曰：'夔一而足矣。'使为乐正。故君子曰：'夔有一足。'非一足也。"

——《韩非子·外储说左下》

鲁哀公问孔子说："我听说夔仅一条腿，可信吗？"孔子说："要是人，怎会仅有一条腿呢？他和别人没有差别，唯独精通音律。尧说：'夔有这一点就足够了。'让他做主管音乐的官。所以君子说：'夔有这一点就足够了。'并不是只有一条腿。"

谣言止于智者，传闻总是添油加醋。一件事经过几个人的传递，就会失真。

---

① 夔［kuí］：传说中的一条腿的怪物；人名，相传为尧、舜时乐官；地名，夔门。

10.20

子圉见孔子于商太宰。孔子出，子圉入，请问客。太宰曰：“吾已见孔子，则视子犹蚤虱之细者也。吾今见之于君。”子圉恐孔子贵于君也，因谓太宰曰：“君已见孔子，亦将视子犹蚤虱也。”太宰因弗复见也。

——《韩非子·说林上》

子圉将孔子引见给宋国太宰。孔子走后，子圉问太宰对孔子的看法。太宰说：“我见过孔子后，看你就如同蚤虱那么渺小了。我要把他推荐给宋君。”子圉害怕孔子受宠，就对太宰说：“国君如见孔子，看你也像蚤虱那么渺小了。”太宰因此没有引见孔子。

领悟

不遭嫉妒是庸才。人家嫉妒你，是因为怕你抢他们的饭碗，谁叫你那么能干呢？所以，如果你是个强人，受点挫折也不要放在心里。

10.21

孔子称少正卯之恶曰：“言非而博，顺非而泽。”

——《论衡·定贤》

译文

孔子列举少正卯的罪恶说：“言论错误却显得很博学，附和错误的东西却又加以润饰。”

少正卯也是鲁国的名人，学识渊博，足智多谋，仿佛是孔子第二。但是他的学问虽然广博，却是经过包装的异端邪说，若不加以鉴别，一般人是看不出来的。

10.22

子曰：“吾死之后，则商也日益，赐也日损。”曾子曰：“何谓也？”子曰：“商也好与贤己者处，赐也好说不若己者。不知其子视其父，不知其人视其友，不知其君视其所使，不知其地视其草木。故曰：与善人居，如入芝兰之室，久而不闻其香，即与之化矣；与不善人居，如入鲍鱼之肆，久而不闻其臭，亦与之化矣。丹之所藏者赤，漆之所藏者黑。是以君子必慎其所与处者焉。”

——《孔子家语·六本》

孔子说：“我死后，卜商（子夏）会日益进步，端木赐（子贡）会日益退步。”曾子说：“为何呢？”孔子说：“卜商喜欢和比自己强的人相处，端木赐喜欢取悦不如自己的人。不了解儿子就看他的父亲，不了解某一个人就看他交往的朋友，不了解君主就看他任命的大臣，不了解某块土地就看那里草木的生长情况。所以说，与贤人相处，就像进入放有香草的房间，时间久了就闻不出它的香气，这是与它同化了；与不善者相处就像进入卖咸鱼的铺子，时间久了就闻不到它的腥臭味，也是与它同化了。装丹砂的容器会变成红色，藏漆的容器会变成黑色。因此，君子一定要慎重地选择相处的人。”

交什么样的朋友就决定你是什么样的人。就像下棋一样，跟水平比自己强的人下，是天天进步；跟比自己水平差的人下，则日日退步。

10.23

白公问孔子曰：“人可与微言乎？”孔子不应。白公问曰：“若以石投水，何如？”孔子曰：“吴之善没者能取之。”曰：“若以水投水，何如？”孔子曰：“淄渑之合，易牙尝而知之。”白公曰：“人固不可与微言乎？”孔子曰：“何为不可？唯知言之谓者乎！夫知言之谓者，不以言言也。争鱼者濡，逐兽者趋，非乐之也。故至言去言，至为无为。夫浅知之所争者末矣。”

——《列子·说符》

白公问孔子说：“可以和别人用隐密的微言交流而不为人知吗？”孔子不答。白公又问：“就像把石块投入水中那样，如何？”孔子说：“石块投入水中，吴国的潜水能手能取出来。”白公又问：“就像把水倒入水中那样，如何？”孔子说：“把淄水与渑水合在一起，齐国的易牙一尝就能分辨出来。”白公说：“那么，绝对不能用隐密的微言交流吗？”孔子说：“为何不能？只要掌握语言本质就可以。掌握了语言本质的人，可以不依靠语言来交流。捕鱼的人一定会把衣服弄湿，追逐野兽的人一定会跑痛双腿，并不是他们愿意如此，而是形势使然。因此，最高妙的语言是不用语言，最高妙的行动是无所行动。那些智慧浅薄的人所争的都是细枝末节。”

任何现成的微言都可以被破译，从而公开于天下。只有掌握了语言的本质，才可以用“不言之言”进行隐密交流，也才是真正的微言。再秘密的事情，都有其不秘密的地方；再强悍的人，也有其致命的弱点。真正与人交往，重在交心，能做到心领神会，那是最高境界的朋友了。

10.24

曾子曰：“十目所视，十手所指，其严乎？”

——《礼记·大学》

曾子说：“十只眼睛看着，十只手指着，这难道不令人畏惧吗？”

这个社会最缺少的是监督，尤其是对权贵的监督。如果能使这些人被众多眼睛盯着，众多视频监控着，那么违法乱纪的事情就会减少。

10.25

子曰：“凡人心险于山川，难于知天；天犹有春秋冬夏旦暮之期，人者厚貌深情。”

——《庄子·列御寇》

孔子说：“人心比大山大河还凶险，比预测天象还困难。自然界尚有春夏秋冬和早晚变化的一定周期，可是人却面容复杂、情感深藏。”

领悟

人的心是最难捉摸的。有的人你感觉他对你不好，他的内心其实很爱你；有的人其实很不喜欢你，表面上却与你相交甚好。观察一个人，需要的是时间，关键是看行动。

10.26

子曰：“人莫鉴于流水，而鉴于止水，唯止能止众止。”

——《庄子·德充符》

孔子说：“流水是没法当镜子用的，只有水静止澄清时，才可以做镜子用。只有心如止水，才能够停止纷纭的众相。”

领悟

人不能从流水中照到自己，只有水静止下来才行。静止的水比喻人那颗躁动的心平静下来，唯有静心才能正确辨别事物。心如果静下来，万物也跟着静下来。所有的烦扰，莫非自扰。天下实无扰人之事，唯心不正、人自烦扰才是实情。

10.27

子曰："吾有四友焉：自吾得回也，门人加亲，是非胥附乎？自吾得赐也，远方之士日至，是非奔辏乎？自吾得师也，前有光后有辉，是非先后乎？自吾得仲由也，恶言不至于门，是非御侮乎？"

——《孔丛子·论书》

孔子说："我有四友：自从有了颜回，弟子更加亲密，这不是团结友爱吗？有了端木赐，远方的求学者日多，这不是学子如云吗？有了颛孙师，每天感到身心愉悦，这不是体现在身前身后吗？有了仲由，恶言秽语不再传至门前，这不是抵御了外侮吗？"

领悟

一个成功的人，必须有一批志同道合的朋友帮助。自己单枪匹马闯天下，即使能力再强，也只能做一个独行侠，成不了大气候。

10.28

子曰："大矣哉！夫差未能言冠，而欲冠也。"

——《春秋谷梁传·哀公十三年》

译文

孔子说："真自大啊！夫差还不能说清冠带的名类，却想戴上冠带了。"

领悟

不能正确看待自己的人，就不能正确判断形势，最终的结局一定不会好。夫差败于勾践，难道不应该吗？

10.29

子曰：“吾于甘棠，见宗庙之敬甚矣，思其人必爱其树，尊其人必敬其位，道也。”

——《孔子家语 · 好生》

孔子说：“我通过《诗经》中的《甘棠》这首诗，看出作者对祖先极大的恭敬。思念那人，必定爱护他在旁休息过的树；尊敬那人，必定敬慕他居住过的地方，这是合乎道义的。”

谋大事者，必须尊重人才、善用人才，喜好人才还能爱屋及乌，还有什么人才不能聚在其麾下呢？

儒行第十一

导读：春秋末年，儒者很少以道德名世，大多是穿着儒服自称儒者的人。评价儒者只从服饰来谈，比较滑稽。儒者，可理解为有抱负、有担当的人。儒者以“道”得民，也应以“道”得名。孔子通过与鲁哀公的对话，从容貌等十五方面讲述儒行，描述一个真正儒者应是什么样子。本篇摘自《礼记·儒行》。

11.1

哀公曰："敢问儒行？"孔子对曰："儒有席上之珍以待聘，夙夜强学以待问，怀忠信以待举，力行以待取。其自立有如此者！"

——《礼记·儒行》

译文

鲁哀公问孔子说："请问什么是儒行？"孔子回答说："儒者有如筵席上的美味佳肴，拥有美好的品德，等待他人聘用，早晚勤勉学习以等待咨询，心怀忠实诚信以等待推荐，努力修行以等待取用。他们就是努力修身而有所成就的。"

领悟

儒，即人需也，是国家需要的人才。《三国演义》中的诸葛亮"舌战群儒"："君子之儒，忠君爱国，守正恶邪，务使泽及当时，名留后世。若夫小人之儒，惟务雕虫，专工翰墨，青春作赋，皓首穷经；笔下虽有千言，胸中实无一策。"做人要做君子儒，成为社会有用人。

11.2

子曰："儒有衣冠中，动作慎，其大让如慢，小让如伪，大则如威[①]，小则如愧。其难进而易退也，粥粥[②]若无能也。

① 威：通"畏"。

② 粥粥：柔弱、谦卑的样子。

其容貌有如此者。”

——《礼记·儒行》

译文

孔子说：“儒者的衣着得体，行动谨慎；他们对大利的推辞从容迟缓，对小利的推让也舒缓不迫。对待大事如有畏惧，对待小事如有惭愧；他们难于接受聘任做官，易于辞去官职，谦恭柔和得如同无能一样。儒者的容貌就是这样的。”

人进入社会，最先展示的是自己的容貌。仪容举止是一个人综合素质的外在体现。作为有抱负、有担当的人，容貌应是礼让的，小心无大错，谦虚谨慎永远是第一位的。

11.3

子曰：“儒有居处齐难，其坐起恭敬；言必先信，行必中正；道涂不争险易之利，冬夏不争阴阳之和；爱其死以有待也，养其身以有为也。其备豫[①]有如此者。”

——《礼记·儒行》

孔子说：“儒者日常起居严肃庄重，坐立举止都很恭敬；他们说话

① 备豫：亦作“备预”，防备，准备。

必以信用为先，行动一定中正无邪；在路途上不争危险平坦的便利，在冬夏季不争冷暖调和的地方；爱惜生命是为了等待时机，保养身体是为了有所作为。儒者做任何事时，都是预先有所准备的。”

作为一个有抱负、有担当的人，必须有待、有为、有准备。有待，要做好时机的等待；有为，保养好身体，才能更好地服务社会；有准备，要做好成就一番事业的准备，尤其是知识储备。做事情要有严格的计划，凡事预则立，不预则废。

11.4

子曰：“儒有不宝金玉，而忠信以为宝；不祈土地，立义以为土地；不祈多积，多文以为富。难得而易禄也，易禄而难畜也，非时不见，不亦难得乎？非义不合，不亦难畜乎？先劳而后禄，不亦易禄乎？其近人有如此者。”

——《礼记·儒行》

孔子说：“儒者不以金玉为宝，而以忠信为宝；他们不祈求土地而以仁义为土地，不祈求多积聚财物而以多文采技艺为富有，他们难得而容易招募，容易招募而难以留下。不到适当的时候就不会出现，难道不是难得吗？不符合道义就不会与人志同道合，难道不是难留吗？首先做出成绩、取得功劳再接受聘任，难道不是容易招募吗？儒者的待人接物就是这样的。”

在待人接物上，忠诚、信用、道义、博学等是人的基本品德，善于把握时机，因时而动，则能事半功倍。注重与人合作，因为这是一个合作共赢的社会。

11.5

子曰："儒有委之以货财，淹之以乐好，见利不亏其义；劫之以众，沮之以兵，见死不更其守；鸷[①]虫攫搏[②]不程勇者，引重鼎不程其力；往者不悔，来者不豫；过言不再，流言不极；不断其威，不习其谋。其特立有如此者。"

——《礼记·儒行》

孔子说："儒者，即使赠给他财物，并投其所好，他也不会见利忘义；遇到众人的威胁和武力的恐吓，至死也不会改变操守；他不会通过与猛禽、野兽搏斗来展现自己的勇敢，他不会通过举起重鼎来显示自己的力量。对过往的事不追悔，对未来的事不预测；说过的错话不会重复两遍，流言到他这儿就不再传播；他堂堂正正做人，不搞阴谋诡计。儒者特有的品格就是这样的。"

---

① 鸷［zhì］：凶猛的鸟。

② 攫搏［jué bó］：鸟兽以爪抓猎物。

人一定要有独立人格，要有自己的道德底线，知道哪些可为，哪些不可为。这个底线，就是不能见利忘义，不能见死不救，不搞阴谋诡计，堂堂正正地做人。

11.6

子曰：“儒有可亲而不可劫也，可近而不可迫也，可杀而不可辱也。其居处不淫，其饮食不溽①；其过失可微辨而不可面数也。其刚毅有如此者。”

——《礼记·儒行》

孔子说：“儒者，可以亲近，但不能用情感来挟持；可以接近而不可逼迫，可以杀害但不可侮辱。他们的日常生活不放纵，饮食不过分。如果有了过失，可以听取他人的辨析，但不接受当面羞辱。他们的刚毅就是这样的。”

领悟

人一定要刚毅，一定要有骨气，否则很难成就大事。有骨气的人，才能有独立的人格，才能在泰山压顶时不会变节，才能在风雨中接受洗礼。

① 溽［rù］：味道好。

11.7

子曰："儒有忠信以为甲胄，礼义以为干橹；戴仁而行，抱义而处；虽有暴政，不更其所。其自立有如此者。"

——《礼记·儒行》

译文

孔子说："儒者用忠信作为护身的盔甲，用礼义作为盾牌；行动尊崇仁爱，安居怀抱道义；即使遇上暴政，也不更改其操守。儒者的自立就是这样的。"

领悟

自立者方能自强。自立，生活上不依赖别人，工作中胜任本职，交往中没有索求。自立，要将忠诚、信用、礼义、仁爱放在心上，就不会自高自大、孤陋寡闻和孤芳自赏，没有爱心，没有血肉。

11.8

子曰："儒有一亩之宫，环堵之室，筚[①]门圭窬[②]，蓬户瓮牖[③]；易衣而出，并日而食；上答之不敢以疑，上不答不敢以谄。其仕有如此者。"

——《礼记·儒行》

① 筚［bì］：用荆条、竹子等编成的篱笆或遮拦物。

② 圭窬［guī yú］：墙上的小门。

③ 牖［yǒu］：窗户。

孔子说："儒者有一亩地的宅院，房屋只有一丈见方，竹子编的院门，又在院墙上挖出其形如圭的小旁门，用蓬草编的房门，用破瓮为边框做的圆窗；全家只有一套体面的外衣，谁出门就换上，两天吃一天的粮食；君主答应采纳自己的建议，不敢猜疑，君主不答应自己的建议，不敢谄媚以进。他们出仕做官的态度就是这样的。"

领悟

作为有抱负、有担当的人，从政也要淡泊明志、宁静致远，而不是利用职务之便谋取私利。如果能做到工作上积极进取，生活上清静无为，那是很高的境界了。

11.9

子曰："儒有今人与居，古人与稽；今世行之，后世以为楷；适弗逢世，上弗援，下弗推，谗谄之民，有比党而危之者，身可危也，而志不可夺也，虽危起居，竟信其志，犹将不忘百姓之病也。其忧思有如此者。"

——《礼记·儒行》

孔子说："儒者虽然与同时代的人共处，但他的精神却与古人相合；他在当今时代的行为，可以成为后世的楷模；遇上社会不治的时代，他们对上不攀援，对下不推卸责任。那些谗佞的小人结党营私，进行陷害。他的生命虽遭危害，但志向不可动摇。虽身处危难之中，但始终伸张着他的志向，并且不会忘记老百姓的疾苦。儒者的忧思就是这样的。”

作为有抱负、有担当的人，必须有忧国忧民的理想信念。范仲淹说：“先天下之忧而忧，后天下之乐而乐。”即使不被世上所用，也要从各个方面成为道德的模范。

11.10

子曰：“儒有博学而不穷，笃行而不倦；幽居而不淫，上通而不困。礼之以和为贵，忠信之美，优游之法，慕贤而容众，毁方而瓦合。其宽裕有如此者。

——《礼记·儒行》

孔子说：“儒者广泛地学习，从不停止；忠实地笃行，不知倦怠。他们在平淡生活中不放纵自己，显赫的生活中不会迷失自己。行礼以和为贵，以忠信为美，以温柔平和为法度。他们仰慕贤者，宽待大众，懂得适当改变棱角来与他人合作。儒者博大的气度就是这样的。”

领悟

气度，对一个人的成功至关重要。俗话说：“量大福大。”你的气量有多大，决定你的成就有多高。气度表现在工作和生活中，是对好的东西学习的不厌足，与人交往的互谅互信，通达事理，宽容待人。

11.11

子曰：“儒有内称不辟亲，外举不辟怨；程功积事，推贤而进达之，不望其报；君得其志，苟利国家，不求富贵。其举贤援能有如此者。”

——《礼记·儒行》

孔子说：“儒者推举人才，对内不回避亲属，对外不回避仇人；他们考察其他人的功劳和事迹，推荐贤才，使其得到任用，不希望得到回报。只要君主能任用这些贤能的人，只要对国家有利，不求个人富贵。儒者推举和提携贤士就是这样的。”

领悟

作为有抱负、有担当的人，推举贤才、选贤任能是基本的道德规范。再者，如果没有贤才帮助你，你纵有天大的本事，也难以在小水坑里掀起大浪。因此说，选拔贤才与自己成就事业是双向的、共赢的。

11.12

子曰：“儒皆闻善以相告也，见善以相示也；爵位相先也，患难相死也；久相待也，远相致也。其任举有如此者。”

——《礼记·儒行》

孔子说：“儒者听到善言就互相告知，见到善举就互相宣示；接受

爵位时互相推让，遇到患难时争相献身；有的朋友长期失意，不会丧失对他的信心；有的朋友在远方，就设法招致他来入仕。儒者的互相推举就是这样的。”

任举有两层意思：一是劝善行善。人人向善，传播美好的事情，宣扬善良之举，社会风气就会越来越好。二是互相举荐人才。人才治理社会，国家才会进步，社会才会和谐。

11.13

子曰：“儒有澡身而浴德，陈言而伏，静而正之；上弗知也，粗而翘之，又不急为也；不临深而为高，不加少而为多，世治不轻，世乱不沮；同弗与，异弗非也。其特立独行有如此者。”

——《礼记·儒行》

译文

孔子说：“儒者用道德沐浴以洁净自己的身心，向人陈述进言后退而耐心等待，平静地正视对方；君主有不知道的事，就略加启发，不急于求成；身居高位时不妄自尊大，不夸张自己的功绩。世道清明不轻佻，世道混乱不沮丧；对政见相同的人不亲近，对政见不同的人不非难。儒者特立独行的品德就是这样的。”

领悟

有抱负、有担当的人，必须保持特立独行的性格，出淤泥而不染。

始终保持良好的道德修养，尽量发挥自己的最佳水平，即使暂时处于低谷，也不会自暴自弃。

11.14

子曰：“儒有上不臣天子，下不事诸侯；慎静而尚宽，强毅以与人，博学以知服；近文章，砥厉廉隅；虽分国如锱铢[①]，不臣不仕。其规为有如此者。”

——《礼记·儒行》

孔子说：“有的儒者上不为臣于天子，下不为诸侯效劳；谨慎宁静而宽容，刚强坚毅而善与人交，学识渊博而敬服前贤；爱好礼乐，磨炼品行，端方正直；即使被封为诸侯，也看得如同得到几个小钱，只要意见不合，就不臣不仕。儒者约束自己的行为就是这样的。”

领悟

有抱负、有担当的人，要有所为和有所不为。这涉及气节问题，不为某些君主服务，是指政治处于昏暗时期。在那个时候，洁身自好，加强修养，也不失为一条明路。

① 锱铢［zī zhū］：比喻微小的数量；非常小气。

11.15

子曰："儒有合志同方，营道同术；并立则乐，相下不厌；久不相见，闻流言不信；其行本方立义，同而进，不同而退。其交友有如此者。"

——《礼记·儒行》

孔子说："儒者志趣相合，实行道义的方法也相同；他们地位相同时相处快乐，地位悬殊时谦虚相待而不厌弃；长久不相见，听到有关朋友的流言也不相信；他们的行为本乎方正，建立于道义之上。志向相同就一起前进，志向不同就自行离去。儒者的交友之道就是这样的。

交友之道，在于志趣相投、志同道合。没有共同的爱好，就缺乏深交的基础。没有共同的志向，就会陷入低级趣味，成为吃喝玩乐的"小圈圈"。朋友之间，贵在信任，相互鼓励和促进。交一个好朋友，将会受益终生。

11.16

子曰："温良者，仁之本也；敬慎者，仁之地也；宽裕者，仁之作也；孙接者，仁之能也；礼节者，仁之貌也；言谈者，仁之文也；歌乐者，仁之和也；分散者，仁之施也。儒者兼而有之，犹且不敢言仁也。其尊让有如此者。"

——《礼记·儒行》

孔子说："温和善良是仁的根本，恭敬谨慎是仁的质地，宽宏大量是仁的起始，谦逊待人是仁的功用，礼貌节义是仁的外表。言谈论说是仁的文采，歌舞音乐是仁的和谐，分财散物是仁的施予。儒者全部具备了这些美德，还不敢自称达到了仁的境界。儒者谦让的品格就是这样的。"

领悟

有抱负、有担当的人，核心是要行仁。仁有八德，其根本是温和善良。能做到上述八点，才可称为是一个真正谦逊的人。

11.17

子曰："儒有不陨获于贫贱，不充诎于富贵；不慁[①]君王，不累长上，不闵有司，故曰儒。今众人之命儒也妄，常以儒相诟病。"

——《礼记·儒行》

孔子说："儒者不因为贫贱而失意，不因为富贵而失节。不因君王的困辱，不因长官的恐吓，不因官吏的刁难而违道失常，有这样的品格才叫作'儒'。今天众人所说的'儒'与儒者无关，只是随意使用'儒'这个字羞辱他人罢了。"

① 慁［hùn］：扰乱；打扰。

领悟

有抱负、有担当的人，贫贱不失意，富贵不失节，重压不失常。做到“三不失”，才可以称为儒者。看来，儒者不是穿一件儒服那么简单的事情，更重要的是内在修养，由此形成的坚强气节、钢铁意志和进取精神。

11.18

孔子至舍，哀公馆之：“闻此言也，言加信，行加义。终没吾世，不敢以儒为戏。”

——《礼记·儒行》

孔子到馆舍，哀公款待他，说：“听了这番话，知道儒者的言论更加可信，行为更加合理。终我一生，再不会拿儒者开玩笑了。”

言语是引祸的因子，尤其是作为在上位的人，说话更是不可不慎。鲁哀公算是忏悔了。今天的人，也不要拿人才来开玩笑，否则就要自尝恶果。

春秋第十二

导读：取名“春秋”，一是纪念孔子编写该书的历史贡献；二是宣扬春秋大义，它是中华文化中的一种基本精神，旨在明是非、辨邪正、分善恶、定褒贬；三是倡导一种理想精神，这里有孔子期盼的天下大同、天下为公的至高理想。本篇主要内容选自《春秋公羊传》《韩非子》《说文解字》等。

12.1

子曰："知我者其惟春秋乎！罪我者其惟春秋乎！"

——《孟子 · 滕文公下》

孔子说："了解我可凭《春秋》这部书，怪罪我也是因《春秋》这部书。"

领悟

历史是一面镜子。"孔子作《春秋》，乱臣贼子惧"，正是儒家诛心杀法的自我表白。儒家以《春秋》立起的政治标尺，不是行为法度，而是道义标尺、教义标尺、"原心"标尺。如此汹汹诛心勘问灵魂，天下谁能不诚惶诚恐？

12.2

孔子作《春秋》，采毫毛之善，贬纤介之恶，采善不逾其美，贬恶不溢其过。

——《论衡 · 案书》

译文

孔子编写《春秋》，表彰极小的善行，贬斥极细的恶举，采录善行，不超过其优点；贬斥恶行，也不夸大其缺点。

评价有好感的人，必多溢美之言；评价不喜欢的人，必多溢恶之言。史官应直笔记史，不能掺入个人情感。唯有孔子可以，因为他是圣人。由此产生的“春秋笔法”，一字定褒贬，好的得以褒扬，坏的则永远被钉在历史的耻辱柱上。

12.3

夫子见禾之三变也，滔滔[1]然曰：“狐向丘而死，我其首禾乎？”

——《淮南子·缪称训》

孔子看到庄稼由种子变成禾苗又长出穗谷的生长过程后，感慨地说：“狐狸都懂得头朝着山丘而死，人类也不应忘本吧？”

历史是不应该忘本的，人类也不应该忘本！这个“本”，就是生于斯、长于斯的自然和社会，建立和谐社会，就是不忘本。

① 滔滔：连续不断。

12.4

子曰："能执干戈以卫社稷，可无殇[①]也。"

——《左传·哀公十一年》

孔子说："能拿起武器来保卫国家，没什么成年不成年(葬礼)的区分。"

领悟

《左传·哀公十一年》记载，鲁昭公之子公叔务人有一个宠爱的娈童(嬖僮)，叫作汪锜。当齐国攻打鲁国的时候，公叔务人和汪锜同乘一辆战车奋勇拼杀，一同战死，一同停殡。鲁国人因汪锜年幼，就打算以殇礼葬之。殇礼就是没成年就死去的人之葬礼，礼仪上来说自然比成年人的葬礼低一些。孔子当时位列大夫，掌礼仪司法、施教化，他发表意见："能执干戈以卫社稷，可无殇也。"意思是说汪锜能拿着武器为保卫国家而战死，应作为成年人看待。为正义事业做出卓越贡献的人，无论年龄大小，历史是不能忘记的。为正义而战，是人本质上、道义上应做到的。

12.5

孔子闻卫乱，曰："柴也其来，由也死矣。"

——《左传·哀公十五年》

① 殇：未成年而死。

孔子获悉卫国动乱，说：“高柴（子羔）应能回来，子路肯定死了。”

卫国动乱，同在卫国做事的高柴和子路选择的道路不同，高柴避其锋芒，子路选择大义，选择英勇献身，其精神更为可敬也。

12.6

子路死，子曰：“噫！天祝予。”

——《春秋公羊传·哀公十四年》

得到子路殉难的消息，孔子悲痛地说：“唉，上天要断绝我的事业啊！”

领悟

弟子不幸去世，孔子万分悲痛，记录孔子悲伤情形的只有两个人：颜回和子路。颜回死，孔子悲痛地说：“老天要我的命！”子路死，孔子同样悲伤。

12.7

孔子哭子路于中庭。有入吊者，而夫子拜之。既哭，

进使者而问故。使者曰：“醢[①]之矣。”遂命覆醢。

——《礼记·檀弓上》

孔子在中庭里哭子路。有人来吊问，孔子以丧主身份回拜。哭过后，孔子见来报信的使者，问子路死的情况。使者说：“他被砍成肉酱了。”孔子听了，叫人把要吃的肉酱倒掉。

领悟

上述几则，我非常喜欢，分别选自《左传》《公羊传》《礼记》，构成子路慷慨义勇的人生轨迹。就当为子路作传，记述一位铮铮铁骨的勇士，弘扬春秋大义吧。

12.8

子曰：“大道之行也，与三代之英，丘未之逮也，而有志焉。”

——《礼记·礼运》

孔子说：“大道实行的时代，和夏商周三代杰出君主在位的时代，我没有赶得上，而内心深怀向往。”

① 醢［hǎi］：用肉、鱼等制成的酱。

孔子比较尊崇夏禹、成汤、周文王和周武王时代的社会治理。为什么向往呢？其基本精神是天下为公。如果人人出自公心，社会岂能不进步呢？

12.9

子曰："大道之行也，天下为公，选贤与能，讲信修睦。故人不独亲其亲，不独子其子，使老有所终，壮有所用，幼有所长，矜寡孤独废疾者皆有所养，男有分，女有归。货恶其弃于地也，不必藏于己；力恶其不出于身也，不必为己。是故谋闭而不兴，盗窃乱贼而不作，故外户而不闭。是谓大同。"

——《礼记·礼运》

孔子说："大道实行的时代，天下是公共的，大家推选有才德的人，彼此之间讲究信誉，相处和睦。人们不只把自己的亲人当亲人，不只把自己的子女当子女，使老年人安度晚年，壮年人有事可为，幼年人健康成长，矜寡孤独和残废有病的人，都得到社会的照顾。男子有职业，女子适时嫁。对于财物，人们只是不愿让它白白地扔在地上，倒不一定非藏到家里不可；对于气力，人们生怕不是出在自己身上，倒不一定是为了自己。所以勾心斗角的事没有市场，作乱害人的现象绝迹，所以家家大门都不用关上了。这就叫大同。"

天下为公的思想，是孔子较早提出来的，经过孙中山先生的演绎，成为崇高的社会理想。天下为公是什么？孔子给出了标准答案，就是天下是公共的。大家推荐德才兼备的人治理社会，天下太平，万民富足。

12.10

子曰："禹、汤、文、武、成王、周公，由此其选也。此六君子者，未有不谨于礼者也。以著其义，以考其信，著有过，刑仁讲让，示民有常。如有不由此者，在埶[①]者去，众以为殃。是谓小康。"

——《礼记·礼运》

孔子说："夏禹、商汤、周文王、武王、成王、周公，就是在这种情况下产生的佼佼者。这六位君子，没有一个不是把礼当作法宝，用礼来表彰正义，考察诚信，指明过错，效法仁爱，讲究礼让，向百姓展示一切都是有规可循。如有不按这种方法办事的，当官的要被撤职，民众都把他看作祸害。这就是小康。"

领悟

孔子提出建设小康社会两千多年了，我们还没有实现，真是愧对圣人啊！小康是什么？有德者治国，弘扬文化精神，人们知礼乐，社会很

① 埶［shì］：通"势"，权势的意思

富庶，仁爱为基本，礼让自遵守，这是一个物质生活好的时代，更是精神生活好的时代。

12.11

子曰：“仁者天下之表也，义者天下之制也，报者天下之利也。”

——《礼记·表记》

译文

孔子说：“仁是天下的仪表，义是裁决事物的准则，知恩图报是天下之利。”

领悟

在孔子的哲学中，仁义始终是其核心内容，就像人的双腿，缺一不可。

12.12

子曰：“善哉！祁黄羊之论也，外举不避仇，内举不避子。祁黄羊可谓公矣。”

——《吕氏春秋·孟春纪》

孔子说：“祁黄羊的话太好了！推举外人不回避仇人，推举家人不回避儿子。祁黄羊称得上公正无私了。”

祁黄羊推荐人才的要点，是出自于公心。如果每个人能公心用人，德才兼备的人哪能不被发现和任用呢？

12.13

子曰："夫修之于庙堂之上，而折冲于千里之外者，司城[①]子罕之谓也。"

——《新序·刺奢》

孔子说："在朝廷上修养品德，却能胜敌于千里之外的，说的是司城子罕！"

宋国司空乐喜，字子罕，被称为司城子罕。有一次，楚国使者到他家中，发现南墙弯弯曲曲，邻居的水居然从其院子流过，便问缘故。子罕说，邻居家靠做鞋为生已有三代，水一直从乐喜家的院子流过。如果让他家迁到别处，买鞋人会找不到，他家也就会无以为生，所以只能让他家的水流过。不久，楚王准备攻打宋国，楚使因此进谏，说宋国有如此贤能的人执政，不能攻伐，打消了楚王的打算。

① 司城：春秋时宋国设置的官职，掌水土之事。原称司空，因宋武公讳司空，故改为司城。司城子罕以官名为氏。

12.14

子曰："古之善为人臣者，声名归之君，祸灾归之身，入则切磋其君之不善，出则高誉其君之德义，是以虽事惰君，能使垂衣裳，朝诸侯，不敢伐其功。当此道者，其晏子是耶！"

——《晏子春秋·内篇谏下》

孔子说："自古善于做臣子的，总是把好名声归于国君，把灾祸归于自身，入朝则针对国君的不善之处探讨和勉励，出朝就高度赞誉国君的美德，即使是侍奉懈怠的国君，也能使他轻松治国、称霸诸侯，而不夸耀自己的功劳。能担得起这样的为臣之道的，只有晏子了！"

晏子是古代大臣的典范，总是好的归领导、错误留自己，当面讲问题、背后说美德，这些做法值得借鉴，因为这是为政做人的大学问。

12.15

楚王出游，亡弓，左右请求之。王曰："止，楚王失弓，楚人得之，又和求之？"孔子闻之曰："惜乎其不大也，不曰人遗弓，人得之而已，何必楚也！"

——《孔子家语·好生》

楚王出游时丢了一张弓，部下请求派人寻找。楚王说："算了，楚王遗失了弓，被楚国人捡去了，没什么区别。"孔子听到后说："可惜呀，楚王的心量还不够大，依我看，反正丢弓的是人，捡弓的也是人，何必加个'楚'呢？"

领悟

这体现"公"的思想。丢失了东西，一般会被别人捡到，既然不在乎谁得到好处，那么谁都可以得益。当然，现在捡到失物，还是要交回为好，否则是不当得利。

12.16

子曰："耕、渔与陶，非舜官也，而舜往为之者，所以救败也。舜其信仁乎！乃躬藉处苦而民从之。故曰：圣人之德化乎！"

——《韩非子·难一》

译文

孔子说："种田、打鱼和制陶，都不是舜的职责，而舜却干这些活，是为纠正败坏的风气。舜确实仁厚！如此亲身操劳而使民众服从。所以说，圣人的道德能感化人。"

领悟

这个社会最需要的是好榜样，如果居上位的人能以身作则，下面的人就会跟着做好。

12.17

子曰："仁哉，文王！轻千里之国而请解炮烙之刑。智哉，文王！出千里之地而得天下之心。"

——《韩非子·难二》

孔子说："文王真仁慈！不在乎方圆千里的土地，献出来请求废除炮烙之刑。文王真智慧！献出方圆千里的土地而得到天下人的心。"

什么叫眼光，这就是眼光，更是战略眼光！周文王是仁德的象征，他以天下为己任，所作所为，都是希望仁慈能遍及于民。

12.18

鲁哀公问于仲尼曰："《春秋》之记曰：'冬十二月，霣[1]霜不杀菽。'何为记此？"仲尼对曰："此言可以杀而不杀也。夫宜杀而不杀，桃李冬实。天失道，草木犹犯干之，而况于人君乎！"

——《韩非子·内储说上》

① 霣［yǔn］：通"陨"，降；落下。

鲁哀公问孔子说：“《春秋》上记载：‘冬天十二月的霜，不会摧残豆类作物。’为何要记载这件事？”孔子回答说：“这是说可摧毁而没有被摧毁。应加以摧残的却不摧残，桃树和李树就会在冬天结果。大自然失去了常规，草木都可以违背气候，何况是人间的君主呢？”

领悟

《春秋》记载这件事，在鲁哀公看来是小事，在孔子看来却是大事，这是庸君与圣人认识上的差别。圣人看到的是本质，看到的是规律，看到的是天道对人道的必然影响。

12.19

管仲父出，朱盖青衣，置鼓而归，庭有陈鼎，家有三归。孔子曰：“良大夫也，其侈逼上。”

——《韩非子·难一》

管仲出门时，坐的车用朱红车盖和青色车衣；回来时，用鼓乐引路；庭院有陈列的大鼎；家里筑有名为三归的台观。孔子说：“管仲是个良大夫，但他的奢侈威胁到国君了。”

领悟

据说，齐桓公十分奢侈，臣民有意见。管仲没有好办法，也学着奢侈，通过自己的“不良”行为减轻君主的舆论压力。不过，这样做或许并非良策。孙叔敖担任楚国的令尹（相当于相国），吃的是粗糙的面饼、蔬菜汤以及干鱼之类，脸上是受饥挨饿的脸色。有人说："这是个良好的大夫，但他的节俭威胁到居下位的人了。"管仲和孙叔敖的做法不同，但都是超出正常而产生了不良影响。

12.20

鲁哀公问于孔子曰："鄙谚曰：'莫众而迷。'今寡人举事，与群臣虑之，而国愈乱，其故何也？"孔子对曰："明主之问臣，一人知之，一人不知也；如是者，明主在上，群臣直议于下。今群臣无不一辞同轨乎季孙者，举鲁国尽化为一，君虽问境内之人，犹不免于乱也。"

——《韩非子·内储说上》

译文

鲁哀公问孔子说："民谚说：'做事不与众人商量，就会迷惑。'如今我做事，总是与群臣一起商量，而国家反而更乱了，这是什么原因呢？"孔子回答说："明君有事问臣下，有人知道，有人不知道；像这样的话，明君在上，群臣可在下面直率地议论。如今群臣没有不和季孙氏说法一样的，整个鲁国众口一词，君主即使问遍了全国的人，仍然不会免于乱。"

领悟

春秋时，权臣掌握国政，鲁哀公实属傀儡，臣民只知道季桓子。因此，季桓子的话就是圣旨。社会总是趋炎附势的，谁有实力，谁就是老大，谁就掌握了话语权。

12.21

子曰：“在人下，故诘屈[①]。”

——《说文解字·卷九》

孔子说：“身在屋檐下，就得附和人家。”

领悟

季桓子权倾鲁国，统一了全国宣传口径。臣民身在屋檐下，哪能不低头？

12.22

子夏问曰：“关雎何以为国风始也？”孔子曰：“关雎至矣乎！夫关雎之人，仰则天，俯则地，幽幽冥冥，德之所藏，纷纷沸沸，道之所行，如神龙变化，斐斐文章。大哉！”

——《韩诗外传·卷第五》

译文

子夏问：“为何将《关雎》作为《国风》的开篇诗呢？”孔子说：“《关雎》思想艺术达到了完美的境界。诗中的人物，仰首效法天道，俯身效法地理。在高深幽远的氛围中，是美德潜在之处；在纷扬激烈的情景里，是正道运行之所。如神龙变化莫测，风采飘然。真伟大！”

---

① 诘屈：曲折。

孔子修订《诗经》，将《关雎》作为开篇，全面诠释了孔子的思想。该诗写的是男女的谈情说爱，说明人世间所有的大事小事，都是从此开始的。没有夫妇就没有家庭，没有家庭就没有社会和国家。家和万事兴，不是体现在这里吗？

12.23

子曰："明王有三惧：一曰处尊位而恐不闻其过，二曰得志而恐骄，三曰闻天下之至道而恐不能行。"

——《韩诗外传·卷第七》

孔子说："明君有三怕：一是身处高位怕听不到有人指出过错，二是心想事成怕自骄自傲，三是听到天下的至理名言怕不能实行。"

这里说的是三件事"能听、能成、能行"：能听正面、负面的言论，则明；能成自己的理想和目标，则名；能行正道，则鸣。

12.24

子曰："夏道不亡，商德不作；商德不亡，周德不作；周德不亡，春秋不作；春秋作而后君子知周道亡也。"

——《说苑·君道》

孔子说："夏朝不衰亡，商朝就不会兴起；商朝不衰亡，周朝就不会兴起；周朝不衰亡，就不会写作《春秋》这部书。《春秋》既成，有识之士就知道周朝要灭亡了。"

领悟

一叶落而知天下秋，没有因就没有果。要得善果，必种善因；种恶因，得恶果。天理皆然。

12.25

子曰："大哉文王之道乎！其不可加矣！不动而变，无为而成，敬慎恭己而虞芮自平。"

——《说苑 · 君道》

孔子说："周文王的道德真伟大，无可复加！他无须行动，社会风气随着改变；他无为而治，事业自然成功。自己恭敬谨慎、严格自律，虞、芮两国的争端自然平息了。"

领悟

道德的教化深浅，天下的变化就有深浅。道德的教化，最重要的是处于上位的人，必须以身作则。

12.26

麟者，仁兽也。有王者则至，无王者则不至。有以告者曰：“有麕[1]而角者。”孔子曰：“孰为来哉？孰为来哉？”反袂拭面涕沾袍。

——《春秋公羊传·哀公十四年》

麒麟是仁兽，有圣明天子时才到来，无圣明天子时则不至。有人将此事报告给孔子说：“有一只獐却生有角。”孔子知道是麒麟，说道：“为谁而来啊？为谁而来啊？”翻起衣袖擦脸，泪水沾湿了衣襟。

圣人看事物，总是从一而三、推十合一，能从一个事物的变化中看到另一事物的必然变化。乱世来麒麟而无王者，难道不昭示这个社会快完蛋了吗？

12.27

宰予曰：“以予观夫子，贤于尧、舜远矣。”

——《论衡·知实》

① 麕［jūn］：麕的身躯与麒麟的身躯十分相像。

辛予说："据我看，孔子要比尧、舜贤良得多。"

孔子的思想之所以能得到这么好的弘扬，与弟子这种深信很有关系。现在也要这样，老师您能否得到学生的深信呢？

12.28

齐景公谓子贡曰："子谁师？"曰："臣师仲尼。"公曰："仲尼贤乎？"对曰："贤。"公曰："其贤何若？"对曰："不知也。"公曰："子知其贤而不知其奚若，可乎？"对曰："今谓天高，无少长愚智皆知高，高几何？皆曰不知也，是以知仲尼之贤而不知其奚若。"

——《说苑·善说》

译文

齐景公问子贡说："您的老师是谁？"子贡说："是孔仲尼。"齐景公问："仲尼是圣贤吗？"子贡说："是。"齐景公问："仲尼有多贤能呢？"子贡说："不知道。"齐景公说："你知道他贤能却这样说，讲得通吗？"子贡说："现在说天很高，无论大人小孩、愚者智者，都知道天高。高多少？都说不知道。因此说知道仲尼贤能，却不知道他怎样贤能。"

子贡对孔子思想的弘扬贡献较大，他不但口才极好，而且对孔子的感情真挚。老师去世后，别的弟子守孝三年，此后他还在孔子墓地搭建了房子，又守孝了三年。

12.29

子曰："巍巍乎！舜、禹之有天下而不与焉。"

——《论衡·语增》

孔子说："崇高啊！舜和禹统治天下而不参与国家具体事务。"

舜禹治理天下，是贤臣执政。如果你的手下都是德才兼备的人，还需要自己动手吗？

12.30

孔子不王，素王[①]之业在于《春秋》。

——《论衡·定贤》

① 素王：有王者的道德而无王者的权位。汉代春秋公羊家以为孔子身虽无位，而修《春秋》以制明王之法，故称孔子为"素王"。

孔子没有当上君王，素王的业绩反映在《春秋》上。

领悟

影响悠久而博大的，不是权力，而是文化与教育。

12.31

孔丘、墨翟无地而为君，无官而为长，天下丈夫女子莫不延颈举踵，而愿安利之。

——《列子 · 黄帝》

译文

孔子、墨子没有土地却像君主一样，没有官职却像官长一样，天下人莫不伸脖踮脚盼望他们，希望得到安定和帮助。

领悟

所谓“素王”，是没有土地、没有人民的王，只要人类历史文化存在，他的王位的权势就永远存在。佛教中称释迦牟尼为“空王”，也是同样的道理。

刑教第十三

导读：出土的竹书表明，传世文献所记载的孔子刑罚言论大体可信。《论语》中的孔子不谈刑罚，这是编纂者为保持他的至纯的仁者形象，而刻意舍弃了其关于刑罚的语录。本篇弥补了《论语》刑教思想的不足，本篇主要内容取自《尚书大传》《汉书》《后汉书》等。

13.1

仲弓问古之刑教与今之刑教。孔子曰："古之刑省，今之刑繁。其为教，古有礼然后有刑，是以刑省；今无礼以教，而齐之以刑，刑是以繁。"

——《孔丛子·刑论》

译文

仲弓向孔子请教古今刑罚教化的问题。孔子说："古代的刑罚较少，现在的较多。在教化百姓方面，古代先用礼仪规范民众的行为，然后才用刑罚，所以刑罚少；现在不以礼仪来教化百姓，而用刑罚来规制他们的行为，刑罚就多。"

领悟

孔子刑教思想，首先是阐明教育的重要性。民众是需要教育的，并需要从小接受教育，采取什么样的方法很重要。提倡有效的教育，如果仅为教育而教育，则效果不会好。

13.2

子曰："古之听民者，察贫穷，哀孤独矜寡，宥老幼不肖无告。有过必赦，小罪勿增，大罪勿累。"

——《尚书大传·卷四》

孔子说："古代断案的人，体察贫穷，怜悯鳏寡孤独、老弱穷苦等

无依无靠的人，这些人犯了过错不予追究，犯了小罪不给加刑，犯了大罪也不累及生命。”

古与今只是一个比方，也就是说，刑教既要考虑法律的严肃性，又要合理合情。情、理、法是辩证统一的，一味重法，不顾及情与理也不行。法律永远是滞后的，当今在审判时，更要看到这个问题，否则就会出现案件一经审判，立即引起社会广泛不满的现象。

13.3

子曰：“今之听民者，求所以杀之。古之听民者，求所以生之。不得其所以生之之道，乃刑杀，君与臣会焉。”

——《尚书大传·卷四》

孔子说：“当今的断案者，总是寻求处死罪犯的理由。古时的断案者，却是研究如何挽救罪犯。实在没办法挽救时，才考虑刑杀，这是君主和臣民的共识。”

古往今来很多案例表明，严刑峻法并不能制止犯罪。朱元璋打击贪腐行为的刑罚不谓不重，但明朝的腐败问题并没有得到很好解决。孔子的法治思想，是一种更高的境界。

13.4

子曰："古之于盗，恶之而不杀也。今不先其教而一杀之，是以罚行而善不反，刑张而罪不省。夫赤子知慕其父母，由审故也，况乎为政？"

——《孔丛子·刑论》

孔子说："古时对偷盗行为，虽讨厌但不处以死刑。现在不先教化而是一概处死，所以惩罚了罪行却不能弘扬善行，扩大了刑罚却没有减少犯罪。初生的婴儿知道依恋父母，是知道谁是父母，更何况是治国理政呢？"

社会风气的好坏，在于如何实行教化。正如晏子说的，淮南的橘树移植到淮北就变为枳树，又甘又甜的果实变成又苦又涩的枳子，环境对于人的成长非常重要。

13.5

子张曰："古之知法者与今之知法者异乎？"孔子曰："古之知法者能远狱，今之知法者不失有罪。不失有罪，其于怨寡矣。能远于狱，其于防深矣。寡怨近乎滥，防深治乎本。"

——《汉书·刑法志》

子张说：“古时知法者和现今有何不同？”孔子说：“古时知法者能远离狱讼，现在知法者只做到不放过一个犯罪的人。不放任百姓犯罪，就缺乏宽恕之道。能远离狱讼，其预防就很深入。缺乏宽恕之道和放任自流差不多，预防深入才能从根本上进行治理。”

孔子认为，法治的要旨在于使人远离犯罪，做到这一点在于预防，可见预防犯罪的重要性。预防犯罪的方法在于教育，实行宽仁之道无疑是教育的主要内容。

13.6

子曰：“古之知法者能省刑，本也；今之知法者不失有罪，末矣。”

——《汉书·刑法志》

孔子说：“古时知法者能减少刑罚，是得了法律精神的根本；现在知法者只要有罪就不放过，这是法律精神的枝叶糟粕。”

这个论断很精辟。“省刑”是法治的主要精神，刑罚的目的是为了减少犯罪，但更重要的是为了防止犯罪。减少不是目的，防止才是目的。

13.7

鲁有父子讼者，康子欲杀。孔子曰："未可杀也。夫民父子讼之为不义久矣，是则上失其道，上有道，是人亡矣。"讼者闻之，请无讼。

——《韩诗外传 · 卷第三》

鲁国有父子打官司，季康子想杀掉他们。孔子说："不能杀，百姓好久不知道父子打官司是不义行为，这说明上边行事失去了道义。假如施政者以身作则，这种人就会消失。"这对父子听说后，撤销了诉讼。

孔子说："不教而诛谓之虐。"没有施行道德教化，没有弘扬法治精神，就擅举刑杀大旗，是为暴虐、暴政。

13.8

子曰："听讼虽得其指，必哀矜之。死者不可复生，绝者不可复续也。《书》曰：'哀矜折狱[①]。'"

——《尚书大传 · 卷三》

① 折狱：断狱，审判案件。

孔子说："处理案件时，即使获取了犯罪实情，也必有慈悯之心。要知道死了不能复生，折断的不能再续。《尚书》中说：'怀着慈悯之心办理案件。'"

领悟

这里有两层意思：一是对犯罪的人要怀有慈悯之心；二是断案要慎重，如果稍微不慎，就像棍子折断一样不可以再续。这是很重要的法治原则，没有怜悯心的法官，不是好法官；不慎重量刑的法官，是暴虐的法官。

13.9

子曰："君子之于人也，有不语也，无不听也，况听讼乎？必尽其辞矣。夫听讼者，或从其情，或从其辞。辞不可从，必断以情？"

——《礼记·大学》

译文

孔子说："君子和别人交往，有不说的话，却没有不听的话，何况是断案呢？他一定会认真听完双方的讼词。审理诉讼，有的是根据实情来断案，有的是根据口供来断案。口供不可信，就根据实情来决断。"

领悟

做任何事情，关键在于掌握实情。没有调查就没有发言权，更没有决断权。断案更应如此，如果随意臆断，那就是葫芦僧乱断葫芦案，乔太守乱点鸳鸯谱，就会错得离谱。

13.10

子如卫，人谓曰："公甫不能听讼。"子曰："非公甫不能听讼也。公甫之听讼也，有罪者惧，无罪者耻。民近礼矣。"

——《尚书大传·卷四》

孔子到了卫国，有人说："公甫不会断案。"孔子说："不是公甫不能断案。他断案时，有罪的人非常害怕，无罪的人觉得羞愧。民众是接近礼的要求了。"

公甫是鲁国大夫，善能断案。但是，他断案出名的不是他的权术和手段，而是一种因公平正义而产生的威慑力。有罪的人害怕没什么，无罪的人感到羞愧，这就很难了，值得当今断案者学习。

13.11

子曰："齐之以礼，则民耻矣；刑以止刑，则民惧矣。"

——《孔丛子·刑论》

孔子说："用礼法来统一行为，百姓就懂得羞耻；刑罚的目的是不

动用刑罚，百姓就会害怕。”

《论语》中有：“道之以政，齐之以刑，民免而无耻；道之以德，齐之以礼，有耻且格。”两者思想是一致的，核心是用礼来规范约束人，以刑来作为规制手段。

13.12

子曰：“夫无礼则民无耻，而正之以刑，故民苟免。”

——《孔丛子·刑论》

孔子说：“不讲礼仪百姓就不知有耻，只用刑罚来匡正百姓的行为，他们就会只求苟免于刑罚。”

这个礼，不仅指礼仪，还包括道德和法律约束、礼仪交往以及文化精神等。人做了错事，不知道错在哪里，内心就不会自责，还会重蹈覆辙。

13.13

子曰：“以礼齐民，譬之于御，则辔也。以刑齐民，譬之于御，则鞭也。执辔于此而动于彼，御之良也。无辔而用策，则马失道矣。”

——《孔丛子·刑论》

孔子说："用礼法来统一百姓行为，用驾车打比方的话，礼法就像缰绳。用刑罚来规制百姓行为，用驾车打比方的话，刑罚就像马鞭。手执缰绳控制马的前进，是高明的驾车者；不靠缰绳而靠鞭打的话，马车就会翻倒。"

马缰和马鞭论很精辟。在孔子看来，道德教育、礼仪教化、文化建设始终是第一位的，刑罚是为实现这些目标服务的。如果将刑罚作为社会建设的主导，是本末倒置。

13.14

子曰："吾闻古之善御者，执辔如组，两骖如舞，非策之助也。是以先王盛于礼而薄于刑，故民从命。今也废礼而尚刑，故民弥暴。"

——《孔丛子 · 刑论》

孔子说："我听说古时擅长驾车的人，手执缰绳就像拿丝带一样轻松，马跑起来如舞姿一样轻快，这不是依靠马鞭子的帮助。因而，古时明君都崇尚礼法、轻用刑罚，因此百姓都乐意服从。现在废弃礼法而崇尚刑罚，因此百姓变得更加凶暴。"

驾驭国家和社会，需要高明的艺术。高明者崇尚文化建设，以德治国，社会就会互相融合，减少矛盾。如果一味用刑，以暴制暴，社会就会日益混乱。

13.15

子曰："兴其贤者而废其不贤，以化民乎！知审此二者，则上盗息。"

——《孔丛子·刑论》

孔子说："任用贤良，废弃不贤的人，以此来教化百姓。能做到此两者，大盗就会没有了。"

用人与偷盗行为有什么联系呢？小人当权，政局势必混乱，某些人大者窃国，小者窍钩。为政风气带动社会风气，正如孔子所说："君子之德风，小人之德草。"风之所至，草木必有所动。

13.16

子曰："君子庄敬日强，安肆日偷，君子不以一日使其躬儳[①]焉，如不终日。"

——《礼记·表记》

① 儳［chàn］：苟且，不严肃。

孔子说："君子端庄恭敬，所以道德日益显著；如果耽于安乐，放肆无检，就会日益苟且偷安。君子惶惶不可终日，害怕自己因为某一天放松修养而造成轻浮失德。"

领悟

代表社会主流或精英的人群，他们的社会影响力最大，如果崇尚奢华，那么奢靡就会成为社会风气，这个社会就会走向没落。

13.17

子曰："吴越之俗，男女同川而浴，其刑重而不胜，由无礼也。中国之教，内外有分，男女不同椸[①]架，不同巾栉[②]，其刑重而胜，由有礼也。"

——《尚书大传·卷三》

孔子说："吴越两地风俗相同，男女可在同一条河中洗澡，那里的刑罚很重却不能制止犯罪，是因为礼教不行。中原的教化不同，内外有别，甚至男女不能使用同一个衣架、同一条毛巾或梳子。那里刑罚很重却能制止犯罪，这是礼教之故。"

① 椸［yí］：衣架。

② 栉［zhì］：梳子和篦子的总称。

春秋时，中原地区代表文化正统，代表先进生产力的发展方向。吴越之地，处于道德开化的时代，没有那么多礼仪文化，刑罚过重却不能减少犯罪。

13.18

《书》曰："兹殷罚有伦。"子张问曰："何谓也？"孔子曰："不失其理之谓也。今诸侯不同德，每君异法，折狱无伦，以意为限，是故知法之难也。"

——《孔丛子·刑论》

《尚书》记载："治理殷人的刑法有条理。"子张问："这是什么意思？"孔子说："就是不失掉刑法本身之理。现在各国诸侯心意不一，法令各异，断案无序，只图满足己意，因此说明知晓法令推行之难啊！"

春秋时候，各个诸侯国就是一个小国家，政令不同，法治不同，各种法律法令满天飞，都是凭着统治者的意志行事，虽有法令之名，却无法治之实。

13.19

子曰："晋其亡乎！失其度矣。夫晋国将守唐叔之所受法度，以经纬其民，卿大夫以序守之。民是以能尊其贵，贵是以能守其业。贵贱不愆，所谓度也。”

——《左传·昭公二十九年》

孔子说：“晋国要灭亡了！它失去法度。晋国应遵守唐叔所传授的法度，使百姓遵守秩序，卿大夫守职维护。人民才会尊敬达官贵人，他们才能守住基业。贵贱没有错乱，这就是法度。”

领悟

鲁昭公二十九年冬，晋国把刑律铸在铁鼎上，激怒了孔子。这是那个时代的爆炸性新闻，更是影响中国历史的大事件。这个问题的是非，历史自有公论。孔子坚守的，还是国家不应将刑律作为治国的主要手段，没有德治的社会，再多的刑律也没用。

13.20

子曰：“管仲任法，身死则法息，严而寡恩也。若管仲之知，足以定法，材非管仲而专任法，终必乱成矣。”

——《孔丛子·记问》

孔子说：“管仲用法治国，他死了法令也被废止，是因为对百姓严苛并缺乏恩惠。像管仲那样的智慧，能够施行这种法，如果有人才能不如管仲而仅仅用法治国，最终一定会造成变乱。”

孔子举了个例子，管仲严于法治，身死之后人亡法息，说明仅仅依靠以法治国是不够的。

13.21

子曰：“智者见变思刑，愚者睹怪讳名。”

——《后汉书·李杜列传》

孔子说：“智者看到了变化的世情就要考虑法度的准确性，愚者见了奇异的事物回避不提。”

任何规章制度都要与时俱进，才能切合实际。

13.22

鲁人烧积泽，天北风，火南倚，恐烧国。哀公自将众趋救火者，左右无人，尽逐兽而火不救。乃召问仲尼。仲尼曰：“夫逐兽乐而无罚，救火者苦而无赏，此火之所以不救也。”哀公曰：“善。”仲尼曰：“事急，不及以赏；救火者尽赏之，则国不足以赏于人。请徒行罚。”乃下令曰：“不救火者，比降北之罪；逐兽者，比入禁之罪。”令下未遍，而火已救矣。

——《韩非子·内储说上》

译文

鲁人放火烧积泽，偏偏天刮北风，火势向南蔓延，眼看国都将要波及。鲁哀公带领众人去督促救火，但他身边没有一个人了，都去追逐野兽而不愿救火。鲁哀公召来孔子询问。孔子说："驱赶野兽的任务轻松又不会受到责罚，救火不但辛苦危险，而且没有奖赏，所以没有人愿意救火。"哀公认为有理。孔子又说："事急来不及行赏，再说凡是参与救火的人都有赏，那么把鲁国拿来也不够奖赏救火的人。事到如今，只好下令将不救火者一律论罪。"于是下令："凡是不参与救火者，和战败降敌的人同罪；只驱赶野兽者，与擅自闯入禁地的人同罪。"命令还未传遍，而大火已被扑灭。

领悟

孔子也不是迂腐的人，否则就不成为圣人了。在漫天大火，而救火的人纷纷去追逐利益的时候，这时给他们讲仁义道德是行不通的，通变很关键。

13.23

闵子骞为费宰，问政于孔子。子曰："以德以法。夫德法者，御民之具，犹御马之有衔勒也。君者，人也；吏者，辔也；刑者，策也。夫人君之政，执其辔策而已。"

——《孔子家语·执辔》

闵子骞任费地长官时，问孔子治理之道。孔子说："用德政和法制。德政和法制是治理民众的工具，就好像驾驭马用勒口和缰绳一样。国君好比驾马的人，官吏好比勒口和缰绳，刑罚好比马鞭。君王执政，只要掌握好缰绳和马鞭就可以了。”

孔子并非一味强调德治，实际上是两位一体，都是治理民众的工具，好像是驾驭马匹的缰绳和鞭子，缺一不可。如何拿好绳子和鞭子，关键看操作的人。

13.24

巫马旗短褐衣弊裘而往观化于亶父，见夜渔者，得则舍之。巫马旗问焉，曰：“渔为得也，今子得而舍之，何也？”对曰：“宓子不欲人之取小鱼也。所舍者小鱼也。”巫马旗归，告孔子曰：“宓子之德至矣，使民暗行若有严刑于旁。敢问宓子何以至于此？”孔子曰：“丘尝与之言曰：‘诚乎此者刑乎彼。’宓子必行此术于亶父也。”

——《吕氏春秋·具备》

巫马旗穿着粗劣的衣服和破旧的皮衣，到亶父去观察施行教化的情况，看到夜里捕鱼的人，得到鱼就扔回水里。巫马旗问他说：“捕鱼是为了得到鱼，现在你得到鱼却把它扔回水里，这是为什么？”那人回答说：“宓子不想让人们捕取小鱼，我扔回水里的都是小鱼。”巫马旗回去后，告诉孔子说：“宓子的德政好极了，他能让人们在黑夜中独自做事，就像有严刑在身旁一样。请问宓子用什么办法达到这种境地的？”孔子说：“我曾经跟他说过：‘依靠人民的道德自觉而不能单纯施用刑罚。'宓子一定是在亶父实行了这个主张。"

三层意思：一是政绩的考核，要注重实际调查，不可光听为政者一面之词。二是良好的治理主要是信用问题，为政者讲信用，百姓就讲信用，治理就有成效。三是依靠民众的道德自觉很重要，所以要重视教化的作用。

13.25

子曰："君子慎以辟祸，笃以不揜[①]，恭以远耻。"

——《礼记·表记》

孔子说："君子用谨慎行事来避免灾祸，用道德笃厚来避免受窘，用恭以待人来远离耻辱。"

一个人能做到处事谨慎、行为笃厚、恭敬待人，还有什么事情不能办成？

① 揜［yǎn］：通"掩"。捕取；袭取；遮蔽。

13.26

子张曰："尧舜之主，一人不刑而天下治，何则？教诚而爱深也。"

——《尚书大传·卷一》

子张说："尧舜之世，不杀一人而天下大治，什么原因呢？是教民有诚心，爱民之心深厚。"

这是刑教篇的落脚点。天下大治的核心，是官民融洽为一体，鱼水深情。如果诚心教育人民，真心热爱人民，那么天下怎么会不归心呢？国家怎么会没有向心力呢？

颜回第十四

导读：颜回（公元前 521 年—前 481 年），字子渊，春秋鲁国人，为孔门七十二门徒之首，十哲中德行科第一，被称为“复圣”。在众多弟子中，孔子对他称誉最多，以仁人相许。他品行崇高，但记述分散。本篇专述颜回，就是给贤者立传，主要内容选自《孔子家语》《论衡》《庄子》等。

14.1

颜回曰："人善我，我亦善之。人不善我，我亦善之。"

——《韩诗外传 · 卷第九》

颜回说："别人善意待我，我用善意待他；别人用不善的方式待我，我也以善意待他。"

如何对待别人？像颜回一样，能够用宽广的胸怀接纳别人。难怪孔子说，有了颜回之后，弟子们更加亲近亲切，说明颜回的爱是一种大爱，能够增加融合理解，消除分歧自私。

14.2

子曰："回有君子之道四焉：强于行义，弱于受谏，怵于待禄，慎于治身。"

——《孔子家语 · 颜回》

孔子说："颜回有君子的四种品德：实行德义时坚定，接受劝谏时虚心，接受俸禄时惶恐，立身行事时谨慎。"

颜回的“君子四德”，代表了他的主要行止：在思想上要讲求道义，在交往中要广纳人言，在工作中要尽责尽力，在日常行为中要保持恭谨。

14.3

子曰：“颜氏之子，其殆庶几乎。有不善未尝不知，知之未尝复行也。”

——《周易·系辞下》

孔子说：“颜回这年轻人，大概差不多了吧。有过错未尝不知道，知道了从来不会重犯。”

领悟

这句话出自《周易》，道理与孔子说颜回“不迁怒，不贰过”相同。很多人夸夸其谈，自以为是，却不知道自己的短板。有了短板不知道弥补，只能做个平庸人。

14.4

颜回曰：“回益矣。”仲尼曰：“何谓也？”曰：“回忘礼乐矣。”曰：“可矣，犹未也。”他日复见，曰：“回益矣。”曰：“何谓也？”曰：“回忘仁义矣。”曰：“可矣，犹未也。”他日复见，曰：“回益矣。”曰：“何谓也？”曰：“回坐忘矣。”仲尼蹴然

曰：“何谓坐忘？”颜回曰：“堕肢体，黜[1]聪明，离形去知，同于大通[2]，此谓坐忘。”仲尼曰：“同则无好也，化则无常也，而果其贤乎！丘也请从而后也。”

——《庄子·大宗师》

颜回说：“我进步了。”孔子问：“哪方面？”颜回说：“我忘却礼乐了。”孔子说：“好啊，不过还不够。”他日又见孔子说：“我又进步了。”孔子问：“哪方面？”颜回说：“我忘却仁义了。”孔子说：“好啊，不过还不够。”他日又见孔子说：“我又进步了。”孔子问：“哪方面？”颜回说：“我坐忘了。”孔子惊奇地问：“什么叫坐忘呢？”颜回说：“忘却自己的形体，抛弃自己的聪明，摆脱形体和智能的束缚，与大道融通为一，这就叫坐忘。”孔子说：“与大道融通就没有偏好，顺应变化就不执滞常理。你真的成了贤人！我也希望步你的后尘。”

领悟

这一节可称为“颜回悟道”。他悟什么？坐忘。坐忘的境界是天人一体，人与自然和谐的最高状态。与佛家的“开悟说”一样，开悟了还要西游修证，才能与孙悟空一样成佛。颜回会去西游吗？

14.5

颜渊将西游于宋，问于孔子曰：“何以为身？”子曰：

① 黜［chù］：降职或罢免。

② 大通：大道。

“恭敬忠信而已矣。恭则远于患，敬则人爱之，忠则和于众，信则人任之。勤斯四者，可以政国，岂特一身者哉？”

——《孔子家语·贤君》

颜渊将游学于宋国，行前向孔子请教说：“我应该用什么来立身处世呢？”孔子说：“做到恭敬忠信就可以了。为人谦恭则远离祸害，对人尊敬则得到人爱，对人忠实则与人和睦，待人诚信则得到任用。努力做到这四点，就能够治理国家，哪里仅仅是用以立身处世呢？”

领悟

孔子讲了“立身四要”：恭敬忠信，体现了修身齐家的基本要义。与人交往，首先是要完善自我，才能感化别人。

14.6

颜回问于孔子曰：“成人之行若何？”子曰：“达于情性之理，通于物类之变，知幽明之故，睹游气之原，若此可谓成人矣。既能成人，而又加之以仁义礼乐，成人之行也。若乃穷神知礼，德之盛也。”

——《孔子家语·颜回》

颜回问孔子说：“完美的人的德行是怎样的？”孔子说：“通达人性的原理，通晓各类事物的变化，了解各种物象产生的缘故，洞察风云变化的根源，像这样就可称为完美的人。既成为完美的人，再以仁义礼乐施行教化，这就是完美的人的德行。至于能穷尽事物变化的本质，即达到了德行的极点。”

如何做一个完美的人？孔子讲了四点，概括起来一个字：知。人要有自知之明，能知自身的长短，才能客观科学地看问题，才能深入了解事物的真相。

14.7

子曰：“回之为人也，择乎中庸，得一善，则拳拳服膺弗失之矣。”

——《中庸》

孔子说：“颜回就是这样一个人，选择了中庸之道，得到了好处，就牢牢地把它放在心上，再也不失去。”

寻找目标、树立目标很重要。目标有一个筛选的过程，一旦确立了，就要扎扎实实去落实，这样就能事半功倍。很多人没有成就，就因为朝三暮四，不能将某一件事情持续做好。

14.8

颜渊问于孔子曰：“渊愿贫如富，贱如贵，无勇而威，

与士交通，终身无患难。亦且可乎？”孔子曰：“善哉回也！夫贫而如富，其知足而无欲也；贱而如贵，其让而有礼也；无勇而威，其恭敬而不失于人也；终身无患难，其择言而出之也。若回者，其至乎！虽上古圣人，亦如此而已。”

——《韩诗外传·卷第十》

颜回对孔子说：“我希望做到贫穷时和富贵时一样，低贱时和发达时一样，不依靠勇武却有威严，和读书人交往，一辈子没有仇怨。这是可以的吗？”孔子说：“善哉，颜回啊！贫穷时和富贵时一样，这是因为知足而没有欲望；低贱时和发达时一样，这是因为谦让而有礼节；不发怒而有威严，这是因为恭敬而不冒犯别人；一辈子没有仇怨，这是因为选择了恰当的话才说出来。像颜回这样的人啊，修养到了最高的境界吧！即使是上古圣人，也不过如此。”

颜回讲出了人生处世的重要道理，就是要自尊、自爱、自强。天行健，君子以自强不息；勇提升，为人须自我超越。

14.9

孔子晨立堂上，闻哭者声音甚悲，孔子援琴而鼓之，其音同也。孔子出，而弟子有咤者，问：“谁也？”曰：“回也。”孔子曰：“回何为而咤？”回曰：“今者有哭者其音甚悲，非独哭死，又哭生离者。”孔子曰：“何以知之？”回曰：“似完山之鸟。”孔子曰：“何如？”回曰：“完山之鸟生四子，羽翼

已成乃离四海，哀鸣送之，为是往而不复返也。”孔子使人问哭者，哭者曰：“父死家贫，卖子以葬之，将与其别也。”

——《说苑·辨物》

孔子清晨立在堂上，听到十分悲伤的哭声。孔子拿琴弹奏，琴声和哭声相和。孔子弹完琴出去，弟子中有人发出叹息的声音。孔子问：“谁在叹息？”回答说：“是颜回。”孔子说：“颜回，你为何叹息？”颜回说：“刚听到有人哭声十分悲伤，看来不只是哭死去的人，还在哭别离的人。”孔子说：“你根据什么知道呢？”颜回说：“哭声像完山之鸟的声音。”孔子说：“完山之鸟的声音是什么样呢？”颜回说：“完山之鸟，生育四子，孩子羽翼丰满后，就离开母鸟飞到远方。母鸟发出哀鸣为孩子送行，因为孩子走后就不再回来了。”孔子派人去问哭的人。那人说：“我父亲死了，家贫无钱埋葬，只好卖掉孩子来埋葬父亲，现在将要和孩子分别。”

领悟

能够听声音并不难，难的是听声音者能辨别，除了具有超人的天赋外，更重要的是颜回具有悲天悯人的情怀，心有所思，才有所感。

14.10

或曰：“请问屡空之内？”曰：“颜不孔，虽得天下不足以为乐。”“然亦有苦乎？”曰：“颜苦孔之卓之至也。”或人瞿然曰：“兹苦也，祇其所以为乐也与？”

——《法言·学行卷》

有人问："请问颜回经常穷困，为何能内在快乐？"答："颜回如果不能向孔子学习，即使得到天下也不会快乐。""他也有苦恼吗？"答："他的苦恼在于孔子的道德学问高到极点，学也学不到家。"那人惊喜地说："这种苦，正是颜回之所以快乐的原因吧？"

什么叫追求？对自己锁定的目标去努力争取。颜回的追求，就是如何使身心获得最大的快乐和满足，别人当作是苦，圣者却其乐无穷。

14.11

孔子谓颜回曰："回，来！家贫居卑，胡不仕乎？"颜回对曰："不愿仕。回有郭外之田五十亩，足以给飦[①]粥；郭内之田十亩，足以为丝麻；鼓琴足以自娱，所学夫子之道者足以自乐也。回不愿仕。"孔子愀然[②]变容曰："善哉回之意！丘闻之：'知足者不以利自累也，审自得者失之而不惧，行修于内者无位而不怍。'丘诵之久矣，今于回而后见之，是丘之得也。"

——《庄子·让王》

① 飦［zhān］：古同"饘"，指稠的粥。

② 愀然：容色骤变。

译文

孔子对颜回说："颜回过来！你家贫处微，为何不去做官呢？"颜回回答说："我无意求官。城郭外我有五十亩地，足以供给我食粮。城郭内我有十亩地，足够用来种麻养蚕。拨动琴弦足以使我欢娱，学习先生所教给的道理足以使我快乐。因此我无意求官。"孔子深受感动改变面容说："你说得太好了！我听说：'知足的人不会因利禄而受累，安闲自得的人失去什么也不会焦虑，注意内心修养的人没有职位也不会惭愧。'我吟咏这话很久了，如今在你身上才真正看到了它，这是我的收获呢。"

领悟

世俗的见解，是人应通过当官或赚钱等手段，来经营内心，获得物质上的满足。一个境界高的人，则是安贫乐道，随遇而安，追求身心的快乐和满足。道路不同，获得的愉悦享受就不同。

14.12

孔子穷乎陈、蔡之间，藜羹[①]不斟，七日不尝粒。昼寝。颜回索米，得而爨[②]之，几熟，孔子望见颜回攫其甑[③]中而食之。选间，食熟，谒孔子而进食。孔子佯为不见之。孔子起曰："今者梦见先君，食洁而后馈。"颜回对曰："不可。

① 藜羹［lí gēng］：用藜菜作的羹。泛指粗劣的食物。

② 爨［cuàn］：烧火煮饭。

③ 甑［zèng］：古代蒸饭的一种瓦器。

向者煤炱[①]入甑中，弃食不祥，回攫而饭之。”孔子叹曰：“所信者目也，而目犹不可信；所恃者心也，而心犹不足恃。弟子记之：知人固不易矣。”

——《吕氏春秋 · 审分览》

孔子被困在陈国和蔡国之间，只能吃些没有米粒的野菜，七天没吃到粮食。孔子白天睡觉。颜回讨到米后做饭，饭快熟了，孔子望见他抓取锅里的饭吃。一会儿饭做好了，颜回向老师献上饭食，孔子装着没看见颜回抓饭吃，起身说：“今天我梦见了先君，把饭食弄干净了先祭祀吧。”颜回回答说：“不行。刚才烟尘掉到锅里，扔掉沾着烟尘的食物不吉利，我抓出来吃了。”孔子叹息着说：“所相信的是眼睛，可是眼睛看到的还是不可信；所依靠的是心，可是心里揣度的还是靠不住。学生们记住：了解人太不容易了！”

天下最难把握的是人心，即使是同甘共苦、朝夕相处的师友，还有不能互相了解的地方。看人难，识别人更难。

14.13

颜回曰：“良玉度尺，虽有十仞之土，不能掩其光；良珠度寸，虽有百仞之水，不能掩其莹。”

——《韩诗外传 · 卷第四》

① 炱［tái］：烟气凝积而成的黑灰。

颜回说："一尺长的美玉，即使在七八丈的泥土下，也不能掩盖其光彩；一寸大的珍珠，即使在七八十丈的深水下，也不能遮住其莹光。"

人的自身品德，是不能被外部景象所掩盖的。只要自身修养到家，即使是藏之于深山，依然会有人愿意三顾茅庐。

14.14

颜渊曰："愿得明王圣主为之相，使城郭不治，沟池不凿，阴阳和调，家给人足，铸库兵以为农器。"

——《韩诗外传·卷第九》

颜回说："我希望遇见明君并做他的宰相，使国家不需要建筑城墙，不需要挖掘护城河，而让阴阳调和，家家丰裕，人人富足，把仓库里的兵器化铸成农具。"

领悟

这是颜回所追求的最高人生理想。那个时候，不需要猜疑，不需要战争，化干戈为玉帛，化兵器为农具。难怪孔子听后感叹说，颜回才是真正的圣人！

14.15

颜渊侍坐鲁定公于台，东野毕御马于台下。定公曰："善哉！东野毕之御也。"颜渊曰："善则善矣！其马将佚[①]矣。"定公不说[②]，以告左右曰："闻君子不谮[③]人，君子亦谮人乎？"颜渊退，俄而厩人以东野毕马佚闻矣。定公揭席而起，曰："趣驾召颜渊。"颜渊至，定公曰："向寡人曰：'善哉！东野毕之御也。'吾子曰：'善则善矣！然则马将佚矣。'不识吾子以何知之？"颜渊曰："臣以政知之。昔者舜工于使人，造父工于使马，舜不穷其民，造父不极其马，是以舜无佚民，造父无佚马也。今东野毕之御，上车执辔，衔体正矣，周旋步骤，朝礼毕矣，历险致远，马力殚矣，然犹策之不已，所以知佚也。"定公曰："善。可少进乎？"颜渊曰："兽穷则啮，鸟穷则啄，人穷则诈。自古及今，穷其下能不危者，未之有也。《诗》曰：'执辔如组，两骖如舞。'善御之谓也。"定公曰："寡人之过矣。"

——《韩诗外传·卷第二》

颜回陪鲁定公坐在台上，东野毕在台下驾驭马车。定公说："东野毕的技术很好！"颜回说："好是好，但他的马将要逃逸了。"定公听

① 佚［yì］：通逸，逃逸。

② 说：通悦。

③ 谮［zèn］：说别人的坏话。

了不高兴，对左右说："我听说君子不诽谤别人，是这样吗？"颜回走后不久，管马棚的人报告马逃跑了。定公从座而起说："马上派车接回颜回！"颜回来了，定公说："刚才我说：'东野毕的技术很好。'您说：'好是好，但是他的马将要逃逸了。'您是如何知道的？"颜回说："我以政事之理知道的。以前舜帝善于用人，造父善于使用马，舜帝不会过度地驱使他的百姓，使国民穷乏困顿，造父不会过度驱使他的马，使马精疲力竭。因为这样，舜帝时期百姓没有逃离的，造父也没有逃逸的马。如今东野毕在马车上拉着缰绳，用力使马的身体端正，驱使着马快速地转圈，快步地行进，都按照鲁国的礼仪都完成了。又让马车跑在崎岖的山路上做长距离的驱使，马的力量用完了，但还是不停地用鞭子抽打着马，我就是因为这样知道马将要逃逸啊。"定公说："很好，可以进一步说说吗？"颜回说："野兽到了穷途末路，就要咬人；禽鸟到了穷途末路，就会啄人；人到了穷途末路，就会使用奸诈的手段。从古代直到现在，把自己的国民逼得走投无路而国家没有危险的，从来没有过呀。《诗经》上说：'手握缰绳如丝带，车旁两马像跳舞。'指的是善于驾驭马车啊。"定公说："这是我的过错。"

领悟

有人说，颜回是个书呆子，一个没有建树的人。看了这则故事，就知道颜回的独到眼光，他被尊崇是很有道理的。从驭马这件事中，看出他广博的知识以及透过现象看本质的高超能力。

14.16

鲁孟献子聘于晋，宣子觞之三徙，钟石之县，不移而具。献子曰："富哉家！"宣子曰："子之家庸与我家富？"献子曰："吾家甚贫，惟有二士，曰颜回、兹无灵者，使吾邦家安平，百姓和协，惟此二者耳！吾尽于此矣。”客出，宣子曰：“彼君子也，以养贤为富。我鄙人也，以钟石金玉为富。”孔子曰：“孟献子之富，可著于春秋。”

——《新序·刺奢》

鲁国大夫孟献子受聘于晋国，韩宣子请他喝酒换了三个地方，酒具和陪酒用的乐器不用搬动就在那里具备好了。孟献子说：“你家很富有。”韩宣子说：“我们谁富？”孟献子说：“我家很穷，只有两个士人，一个叫颜回，一个叫兹无灵，这两人使我国平安稳定，百姓和睦，就两人而已。我的财富都在这里了。”孟献子走后，韩宣子说：“他是君子，以奉养贤者为富；我是小人，以拥有钟石金玉为富。”孔子说：“孟献子的富有，可记载到《春秋》里。”

领悟

韩宣子很像当今“土豪”炫富，穿着名牌，锦衣玉食，珠光宝气，极尽奢华，但掩盖不了内心的空虚。孟献子拥有颜回等两位贤人，足以富可敌国。今天，我们能从中得到什么启示呢？

14.17

颜渊曰：“知者自知，仁者自爱。”

——《荀子·子道》

颜渊说：“智者有自知之明，仁者能自尊自爱。”

如果能有自知之明和自尊自爱，走遍天下都不会有问题。

14.18

颜回问于君子。孔子曰："爱近仁，度近智，为己不重，为人不轻，君子也夫。"回曰："敢问其次。"子曰："弗学而行，弗思而得，小子勉之。"

——《孔子家语 · 颜回》

颜回请教什么样的人是君子。孔子说："有爱心就近于仁德，善谋划就近于明智，不要把自己看得太重，把别人看得太轻，这就是君子。"颜回说："略次一等的呢？"孔子说："还没学习就能行动，还没思考就有所得。你好好努力吧！"

第一等的君子是有爱心、善谋划，放低自己，看高别人，看似容易，实际上做到很难。次一等的是想到的就要行动，不要太在乎得失，我们从这方面努力吧。

14.19

仲孙何忌问于颜回曰："仁者一言而必有益于仁智，可得闻乎？"回曰："一言而有益于智，莫如预；一言而有益

于仁，莫如恕。夫知其所不可由，斯知所由矣。”

——《孔子家语·颜回》

仲孙何忌问颜回说：“仁者一个字也必定有益于仁智的实施，这道理能让我听听吗？”颜回说：“如果说有一个字有益于智慧，什么也比不上‘预’（事先有准备）字；如果说有一个字有益于仁德，什么也比不上‘恕’（推己及人）字。明白了不能干什么，也就明白了该干什么。”

“预”者有益于智慧，即人凡事都要做好准备和规划；“恕”者利于仁德，即己所不欲，勿施于人。两个字实际上讲目标和方法问题，目标是根本，方法是手段。

14.20

颜回问小人。孔子曰：“毁人之善以为辩，狡讦怀诈以为智，幸人之有过，耻学而羞不能，小人也。”

——《孔子家语·颜回》

译文

颜回请教什么样的人是小人。孔子说：“把诋毁别人的优点当作善辩，把诬陷别人、满心欺诈当成聪明，对别人犯有过错幸灾乐祸，把学习看作不光彩的事，却又嘲弄没有能力的人，这就是小人。”

小人拥有的字眼是“诋毁、诬陷、欺诈，不学无术、幸灾乐祸、嘲笑别人”，别人比自己好，就诋毁、诽谤、诬陷；别人比自己差，就洋洋得意、嘲笑别人。

14.21

颜回问于孔子曰：“小人之言有同乎？君子者，不可不察也。”孔子曰：“君子以行言，小人以舌言。”

——《孔子家语 · 颜回》

颜回问孔子说：“小人说的话也有与君子相同的地方，不能不详细地审察。”孔子说：“君子用行动来说话，小人用舌头来说话。”

孔子说君子小人，可为入骨入髓、入木三分：君子用行动来说话，小人用舌头来说话。我们要学习圣人这种高度概括、形象生动的表达能力。

14.22

回年二十九，发尽白，蚤死。孔子哭之恸，曰：“自吾有回，门人益亲。”

——《史记 · 仲尼弟子列传》

颜回才二十九岁，头发全白，过早地死去。孔子哭得特别伤心，说:“自从我有了颜回，学生们更加亲近。”

上天总是嫉妒英才，或者说总是不让人得到完美，孔子这么完美，如果弟子也这么完美，就不完美了。或者，这就叫完美吧。

14.23

颜回曰:“夫子之道至大，故天下莫能容。虽然，夫子推而行之，不容何病，不容然后见君子。夫道之不修也，是吾丑也。夫道既已大修而不用，是有国者之丑也。不容何病，不容然后见君子。”

——《史记·孔子世家》

颜回说:“老师的学说博大到极点，所以没有一个国家能容纳您。虽是这样，老师还是要推行自己的学说，不被天下接受又有何关系呢?不被接受，才显出君子的本色。一个人不研修自己的学说，那才是耻辱。至于大力研修的学说不被人所用，那是当权者的耻辱。不被天下接纳又有什么关系呢?不被接受，才显出君子的本色。”

颜回对孔门学说是理解最深、分析最透，孔子在穷窘当中，有的弟子怀疑老师的实际能力。但颜回矢志不移，始终坚守老师的德业。有了颜回，孔子先圣何憾之有!

遂行第十五

导读：孔子周游列国的情况怎样？他一生中游历很多，早年到周朝首都洛邑访学，问礼于老子。中年因鲁国内乱而到齐国，但不为所用。在鲁国为政时政绩显著，但被齐国反间计所害，不得不周游列国，实现心中理想。本篇取名“遂行”，不可则行，集中收录孔子游历的相关见闻，本篇主要内容选自《史记》《说苑》等。

15.1

孔子遂行，宿乎屯。而师己送，曰：“夫子则非罪。”孔子曰：“吾歌可夫？”歌曰：“彼妇之口，可以出走；彼妇之谒，可以死败。盖优哉游哉[①]，维以卒岁。”师己反，桓子曰：“孔子亦何言？”师己以实告。桓子喟然叹曰：“夫子罪我以群婢故也夫！”

——《史记·孔子世家》

孔子离开鲁国，当天在屯地过夜。师己为他送行，说：“您是没有过错的。”孔子说：“我唱一首歌，好吗？”于是唱道：“那些妇人之口，可以把大臣撵走；接近那些妇女，可以使人败事亡身。悠闲啊悠闲，我只有这样安度岁月。”师己返回后，季桓子问他说：“孔子说了些什么？”师己如实相告。桓子长叹一声说：“夫子是怪罪我接受了齐国那一群女乐的缘故啊！”

领悟

圣人也不是万能的，齐国馈赠美女和名马的反间计非常犀利，一下子将孔子打败了。离开祖国总是伤感的，虽有“此处不留爷，自有留爷处”之说，但孔子的歌声何曾不是壮志难酬的伤感啊！

① 优哉游哉：从容自得，悠闲自在。

15.2

卫灵公闻孔子来，喜，郊迎。问曰："蒲可伐乎[①]？"对曰："可。"灵公曰："吾大夫以为不可。今蒲，卫之所以待晋楚也，以卫伐之，无乃不可乎？"孔子曰："其男子有死之志，妇人有保西河之志。吾所伐者不过四五人。"灵公曰："善。"然不伐蒲。

——《史记·孔子世家》

卫灵公听说孔子到来，很高兴，亲自到郊外迎接。他问孔子："蒲地可以讨伐吗？"孔子回答说："可以。"灵公说："我的大夫认为不可。因为现在的蒲是卫国防御晋、楚的屏障，用我们的军队去攻打，恐怕不行吧？"孔子说："蒲地的男子有誓死不随公叔氏投靠他国的决心，妇女也有守卫西河的愿望。我所说要讨伐的，只是四五个领头叛乱的人罢了。"卫灵公说："很好。"但是没有出兵去讨伐叛乱。

卫灵公十分昏庸，是喜欢将圣人当作狗皮膏药贴在身上炫耀的人，名义上是尊敬贤人，实际又不重用。孔子给他一百条好的建议，他只会贴在脑门上而不会实施。

---

① 蒲可伐乎：卫国贵族公叔氏占据发动叛乱，准备以蒲地投靠他国，卫灵公才有讨伐之议。

15.3

卫灵公谓孔子曰："有语寡人为国家者，谨之于庙堂之上而国家治矣，其可乎？"孔子曰："可。爱人者，则人爱之；恶人者，则人恶之；知得之己者，亦知得之人；所谓不出于环堵之室而知天下者，知反之己者也。"

——《说苑 · 政理》

译文

卫灵公对孔子说："有人对我说，治理国家只要将政务在朝廷上谋划好了，国家就能治理好，对吗？"孔子说："对。爱别人，别人就会爱你；恨别人，别人也会恨你；知道依靠自身力量的，也会知道依靠别人。所谓不出斗室却能知天下之理，说的是反躬自省的道理。"

领悟

卫灵公想不用干活，就能天下太平，问孔子有没有这方面的药方。孔子说有，关键你要爱别人、爱贤人，能自我反省。这些恰恰是卫灵公永远无法做到的，算是对牛弹琴吧。

15.4

灵公夫人有南子者，使人谓孔子曰："四方之君子，不辱欲与寡君为兄弟者，必见寡小君。寡小君愿见。"孔子辞谢，不得已而见之。夫人在絺[①]帷中。孔子入门，北面稽首。

① 絺［chī］：细葛布。

夫人自帷中再拜，环佩玉声璆[1]然。孔子曰："吾乡为弗见，见之礼答焉。"

——《史记·孔子世家》

卫灵公的夫人南子，派人对孔子说："各国的君子，凡是愿意与我们国君建立像兄弟一样交情的，必定会来见南子夫人，夫人也愿意见见您。"孔子开始还辞谢一番，最后不得已去见她。南子坐在细葛布做的帷帐中等待。孔子进门后，面朝北叩头行礼。南子在帷帐中拜了两拜，她佩戴的环佩玉器发出了撞击的清响声。事后孔子说："我本来不愿见她，现在既然见了，就得还她以礼。"

卫灵公夫人南子很有名气，一个是美丽妖艳出名，一个是给丈夫戴绿帽出名。她想见孔子，有没有非分之心，只有她自己知道。好在孔子是圣人，办事严格、掌握分寸，才让苍蝇叮不到无缝的蛋。

15.5

灵公老，怠于政，不用孔子。孔子喟然叹曰："苟有用我者，期月而已，三年有成。"

——《史记·孔子世家》

① 璆［qiú］：美玉；玉石相碰声。

卫灵公老了，懒于处理政务，也不起用孔子。孔子长叹了一声说：“如果有人用我，一年时间就会有起色，三年则大见成效。”

理想再远大，没有遇到好领导和好时机就很难实现。孔子的治国理政能力很强，他说的一年出成绩、三年见成效的愿景，是能够做到的。

15.6

孔子既不得用于卫，将西见赵简子。至于河而闻窦鸣犊、舜华之死也，临河而叹曰：“美哉水，洋洋乎！丘之不济此，命也夫！”子贡趋而进曰：“敢问何谓也？”孔子曰：“窦鸣犊、舜华，晋国之贤大夫也。赵简子未得志之时，须此两人而后从政；及其已得志，杀之乃从政。丘闻之也，刳胎杀夭则麒麟不至郊，竭泽涸渔则蛟龙不合阴阳，覆巢毁卵则凤皇不翔。何则？君子讳伤其类也。夫鸟兽之于不义也尚知辟之，而况乎丘哉？”

——《史记·孔子世家》

孔子得不到卫国的重用，打算西行去见晋国的执政者赵简子。到了黄河边，获知窦鸣犊、舜华被杀的消息后，对着黄河感慨地说：“壮美啊黄河水，浩浩荡荡多么盛大，我所以不能渡过黄河，也是命运的安排吧！”子贡上前问：“请问老师，这话是什么意思？”孔子说：“窦鸣犊、舜华是晋国的贤大夫。当赵简子没有得志时，是依靠他们才得以从政的；等到他得志了，却杀了他们来执掌政权。我听说过，一个地方剖腹取胎杀害幼兽，麒麟就不来到它的郊野；排干了池塘水捕鱼，龙就不调合阴阳来兴云致雨；倾覆鸟巢毁坏鸟卵，凤凰就不愿来这里飞翔。这是为何呢？君子忌讳伤害他的同类。那些鸟兽对于不义的行为尚且知道避开，何况是我孔丘呢？”

赵简子叫赵鞅，春秋晋国卿大夫，赵氏孤儿赵武的孙子，杰出的政治家、军事家、改革家，郡县制改革的积极推动者，比较有贤名。但如此名士尚难以容纳政见不同的贤人，难怪孔子叹息晋国不是他实现理想的地方。

15.7

孔子行，简子将杀阳虎，孔子似之，带甲以围孔子舍，子路愠怒，奋戟将下，孔子止之，曰：“由，何仁义之寡裕也？夫诗书之不习，礼乐之不讲，是丘之罪也。若吾非阳虎，而以我为阳虎，则非丘之罪也，命也！歌予和若。”子路歌，孔子和之，三终而围罢。

——《韩诗外传 · 卷第六》

孔子出行，匡简子正追杀阳虎。孔子长得像阳虎，因此匡简子带兵围住孔子住处。子路很愤怒，举起铜戟正要冲出去，孔子拦住他说：“子由，为何仁义之士却缺少容忍之心呢？如果不讲习诗书礼乐，那是我的过错。如果说我不是阳虎却认为我是，这可不是我的过错了，这是天命。你唱歌吧，我为你和乐。”子路于是唱起来，孔子和着，唱过三通之后，围兵撤走了。

阳虎也名阳货，是掌握鲁国朝政的季孙氏家臣。他是个奇才，身为奴才而能控制主子，发号施令，是春秋时“陪臣执国政”的典型。阳虎曾祸害过匡地。孔子长得像阳虎，被匡地人围困起来。面对危险，孔子泰然自若，潇洒弹琴退重围。

15.8

郑人或谓子贡曰：“东门有人，其颡[①]似尧，其项类皋陶，其肩类子产，然自要以下不及禹三寸。累累若丧家之狗。”子贡以实告孔子。孔子欣然笑曰：“形状，末也。而谓似丧家之狗，然哉！然哉！”

——《史记·孔子世家》

郑国有人对子贡说：“东门有个人，他的额头像唐尧，脖子像皋陶，肩膀像郑子产，可是从腰部以下比禹短了三寸，一副狼狈不堪的样子，真像一条丧家狗。”子贡把原话告诉了孔子。孔子高兴地说：“他形容我的相貌，不一定对。但说我像条丧家狗，对极了，对极了！”

① 颡［sǎng］：额头。

领悟

这个郑国人也是个奇才，形容孔子的相貌竟引用了尧、舜、禹等的相貌，说明孔子长得很酷。落难的凤凰不如鸡，圣人落难像丧家之犬，真是贴切。好在孔子很大度，也开心地幽了自己一默，使人更觉得圣人的可亲可敬。

15.9

陈惠公大城，因起凌阳之台，未终而坐法死者数十人，又执三监吏，将杀之。夫子适陈，闻之，见陈侯，与俱登台而观焉。夫子曰：“美哉斯台！自古圣王之为城台，未有不戮一人而能致功若此者也。”陈侯默而退，遽窃赦所执吏。

——《孔丛子 · 嘉言》

陈惠公扩建城池，在凌阳筑造一座高台，还没有建成，因犯法而被处死的有几十人，又将负责筑台的三名官吏抓起来，准备杀掉。正在陈国的孔子听到这件事后，请见陈侯，两人一起登上高台观望。孔子说：“好壮观的高台！自古以来，圣王建造高台，从来没有不杀一个人而能有这么大的功绩。”陈惠公听后，感到很羞愧，回去后匆忙赦免了被抓的官吏。

领悟

孔子也是狡猾的，救人救出了智慧。拍人的马屁，做出了积德善事，我们可以学习圣人的高超外交技巧。

15.10

孔子穷于陈、蔡之间，七日不尝食，藜羹不糁[①]。宰予备矣，孔子弦歌于室，颜回择菜于外。子路与子贡相与而言曰："夫子逐于鲁，削迹于卫，伐树于宋，穷于陈、蔡。杀夫子者无罪，藉夫子者不禁，夫子弦歌鼓舞，未尝绝音。盖君子之无所丑也若此乎？"颜回无以对，入以告孔子。孔子憱然推琴，喟然而叹曰："由与赐小人也。召，吾语之。"子路与子贡入，子贡曰："如此者，可谓穷矣！"孔子曰："是何言也？君子达于道之谓达，穷于道之谓穷。今丘也拘仁义之道，以遭乱世之患，其所也，何穷之谓？故内省而不疚于道，临难而不失其德，大寒既至，霜雪既降，吾是以知松柏之茂也。昔桓公得之莒，文公得之曹，越王得之会稽。陈、蔡之厄，于丘其幸乎！"孔子烈然返瑟而弦，子路抗然[②]执干而舞。子贡曰："吾不知天之高也，不知地之下也。"

——《吕氏春秋·审分览》

孔子在陈国和蔡国之间陷入困境，七天没饭吃，煮的野菜里也没有米粒。宰予饿坏了，孔子在屋里用瑟伴奏唱歌，颜回在外面选摘野菜。子路跟子贡一起说："先生在鲁国被逐，在卫国隐居，在宋国树下习礼时被人伐倒树，在陈国、蔡国遇到困境。要杀先生的人没有罪，

① 糁［sǎn］：方言，米粒（指煮熟的）。

② 抗然：志气高亢貌。

凌辱先生的人不受禁止，而先生歌声从未中断过。君子竟是这样没有感到羞耻的事吗？”颜回无言以对，进屋把这些话告诉了孔子。孔子脸色沉重地推开瑟，叹息着说：“仲由和端木赐是小人啊！叫他们来，我告诉他们。”子路和子贡进来，子贡说：“像现在这种情况，可以说是困窘了。”孔子说：“这是什么话？君子实现了志向是通达，志向不能实现是穷困。而今我遭逢乱世却拥有仁义的理想，怎么是困窘呢？所以我自己反省而不改变志向，在困难的时候而不丧失道德。冬天下雪之后，才能知道松柏的茂盛。从前齐桓公因出奔莒国而萌生复国称霸之心，晋文公出亡曹国、越王勾践因受会稽之耻也然。在陈国、蔡国遇到的困境，对我来说大概是幸运吧！”孔子威严地重新拿起瑟弹起来，子路威武地拿着盾牌跳起舞来。子贡说：“我不知天的高远、地的广大啊！”

受困于陈蔡之间，是周游列国期间最艰险的事件。在生死考验的关头，内部发生意见分歧是正常的。难能可贵的是，孔子作为主心骨，目标清晰，意志坚定，面对艰险泰然处之，并将弟子彷徨的心收拢，堪称著名的心理学教学范例。

15.11

孔子之楚，有渔者献鱼甚强，孔子不受。献鱼者曰：“天暑远市卖之不售，思欲弃之，不若献之君子。”孔子再拜受，使弟子扫除将祭[①]之。弟子曰：“夫人将弃之，今吾子将祭

① 祭：儒家有祭天地、祭祖先、祭圣贤三祭之礼。

之，何也？”孔子曰：“吾闻之，务施而不腐馀财者，圣人也。今受圣人之赐，可无祭乎？”

——《说苑·贵德》

孔子在楚国，有一位渔夫非常恳切地把一条鱼献给他，孔子不肯接受。献鱼人说：“天气热，到远处市场上卖不出去，就想把它扔掉，还不如送给您。”孔子拜两拜后接受了，让弟子们将鱼清洗干净，并要用它作为祭献。弟子说：“别人要丢掉它，现在您反而要来用它作为祭献，为什么呢？”孔子说：“我听说过致力于施舍而不糟蹋多余财物的人，是圣人。现在我接受了圣人的赏赐，怎能不进行祭献呢？”

献鱼者是圣人，因为他的道德境界很高，名义上是送一条鱼，其本质是不糟蹋东西，尊重有知识、有文化的人。如果这个社会都讲节俭，尊重有德有才的人，肯定会形成良好的社会风气。

15.12

仲尼之楚，楚王觞之，孙叔敖执爵而立，市南宜僚受酒而祭曰：“古之人乎！于此言已。”曰：“丘也闻不言之言矣，未之尝言，于此乎言之。市南宜僚弄丸[①]而两家之难解，

① 弄丸：一种民俗杂技。表演者把几个球抛上空中，再用手接住，弄出各种花样。

孙叔敖甘寝秉羽而郢人投兵，丘愿有喙三尺。”

——《庄子·徐无鬼》

译文

孔子到楚国，楚王宴请，孙叔敖拿着酒器站立一旁，市南宜僚把酒洒在地上祭祷说：“古时人啊，在这种情况下总要说些话。”孔子说：“我听说有不用言谈的言论，但从不曾说过，在这里说上一说。市南宜僚从容不迫地表演一下杂技，就使两家的危难得以解除，孙叔敖运筹帷幄，使敌国不敢对楚国用兵。我多么希望有个长长的嘴巴来说上几句呀！”

孔子刚到楚国，市南宜僚就出了个难题：您是圣人吗？何不讲讲话呢。孔子巧用身边人的例子，即孙叔敖和市南宜僚是通过不说话的方法平息了纷争，而孔子却是通过不说话的方法平息了辩论，虽达到的目的不一样，方法却是相同的。庄子认为，无言，意味着无为，无所言说，无所作为，像大海一样，才能兼收并蓄。

15.13

哀公使以币如卫迎夫子，而卒不能赏用也。故夫子作丘陵之歌，曰：“登彼丘陵，峛崺[①]其阪。仁道在迩，求之若远。遂迷不复，自婴屯蹇。喟然回虑，题彼泰山。郁确其高，梁甫回连。枳棘充路，陟之无缘。将伐无柯，患兹蔓延。

① 峛崺［lǐ yǐ］：逦迤，连绵不断貌。

惟以永叹，涕賈潺湲。”

——《孔丛子 · 记问》

鲁哀公派遣使者带着礼物到卫国迎归孔子，但最后并没有重用他。孔子作了一首《丘陵之歌》，说：“登上那个丘陵，山坡崎岖连绵。仁道就在身边，却自以为远而不会去探看。迷失方向不能回归正道，使我的主张不能推广。喟然叹息，顾鲁而还。泰山的确挺拔高大，梁甫一般的小山蜿蜒连绵。枳棘布满山路，无法登攀。想要砍除枳棘手里却没有斧头，真担心它们像蔓草一样蔓延。只能深深地叹息，任凭泪水流淌。”

领悟

鲁国终于用最隆重的礼节，请回了流浪在外十几年的本国圣人，但还是将孔子当成画像贴起来装扮门面。孔子空负报国热忱，也作歌徒唤奈何。孔子只讲课不创作，这首歌填补了孔子作品的空白。

15.14

孔子之去鲁凡十四岁而反乎鲁。

——《史记 · 孔子世家》

孔子离开鲁国，度过十四年后回到鲁国。

悠悠十四年，多少酸甜苦。阔别归故乡，故乡月明否？

15.15

孔子之去齐，接淅而行。去鲁，曰：“迟迟吾行也，去父母国之道也。”

——《孟子·尽心下》

孔子离开齐国时，不等把米淘完就走。离开鲁国时却说：“我们慢慢走吧，这是离开父母之邦的路啊！”

春秋时鲁国政权控制在“三桓”手中，鲁昭公想夺回权力，于公元前 517 年讨伐季孙氏，但大败，逃到齐国。在这个背景下，孔子也到齐国谋发展。离开故国，非常伤感，此情此景，终身难忘。

15.16

孔子适齐，齐景公让登，夫子降一等，景公三辞然后登。既坐，曰：“夫子降德辱临寡人，寡人以为荣也。而降阶以远，自绝于寡人，寡人未知所以为罪。”孔子答曰：“君惠顾外臣，君之赐也。然以匹夫敌国君，非所敢行也。虽君私之，其若义何？”

——《孔丛子·记义》

孔子到齐国，齐景公让孔子先上一级台阶，孔子却退下一级台阶，景公再三推辞后先登上台阶。落座后，齐景公说：“您赐予恩惠到我这里来，我以此为荣。但您却退后一级台阶和我拉开距离，您这是疏远我啊，我不知道哪里做错了？”孔子回答说：“国君惠顾我，是您对我的恩赐。但是让一个平民百姓与君主同等，这不是我敢做的。虽然您偏爱我，但这样的话把道义置于何处呢？”

领悟

这里有一连串的客气语词，如“让登、降等、降德、降阶”等，勾画出一个求贤若渴、一个渴望明主的动人画面。但表面是客气的，背后依然是将圣人挂起来充当门面，孔子的命就有这么不顺。

15.17

景公问孔子曰：“昔秦穆公国小处辟，其霸何也？”对曰：“秦，国虽小，其志大；处虽辟，行中正。身举五羖，爵之大夫，起累绁之中，与语三日，授之以政。以此取之，虽王可也，其霸小矣。”

——《史记·孔子世家》

景公问孔子说：“从前秦穆公国小地偏，为何能称霸呢？”孔子说：“秦国，国虽小却目标远大，地虽偏却施政得当。秦穆公举拔用五张羊皮赎来的大夫百里奚，才把他从拘禁中救出来，就和他一连晤谈了三天，随后把掌政大权交给他。由此观之，秦国就是一统天下也是可以的，称霸诸侯还算成就小了呢！”

孔子给齐景公开讲的第一课，是说明秦国为什么那么能干的问题。其过人之处有三点：一是无论国家还是个人，都要志向远大；二是要施政得当；三是重用贤才。

15.18

景公出田，寒，故以为浑，犹顾而问晏子曰：“若人之众，则有孔子焉乎？”晏子对曰：“有孔子，焉则无有？若舜焉则婴不识。”公曰：“孔子之不逮舜为间矣，曷为‘有孔子焉则无有，若舜焉则婴不识’？”晏子对曰：“是乃孔子之所以不逮舜。孔子行一节者也，处民之中，其过之识，况乎处君之中乎？舜者处民之中，则自齐乎士；处君子之中，则齐乎君子；上与圣人，则固圣人之林也。此乃孔子之所以不逮舜也。”

——《晏子春秋·外篇》

齐景公去打猎，天寒却故作温暖的样子，还回头问晏子：“如果有很多人，那么其中会有孔子那样的人吗？”晏子回答说：“孔子是没有的，要是说有没有舜这样的人，那我就不知道了。”景公说：“孔子不如舜一大截呢，什么叫‘孔子是没有的，要是说有没有舜这样的人，那就不知道了’？”晏子回答说：“这就是孔子不及舜的地方。孔子只能做到一部分美，他处在常人中，他的过人之处就能看到，更何况处在君子之中呢？而舜处在常人之中，就和普通士人一样；处在君子之中，就和君子一样；往上与圣人一起，他本来就列于圣人群中。这就是孔子不及舜的地方。”

晏子提供了一个审视孔子的不同视角。晏子对孔子的评价，更多的是从一个政治家的角度，来“对付”孔子——一个绝对厉害的对手。这就是圣人与政客的差别。孔子者，圣人也；晏子者，政客也。圣人以教化民众为目的；政客以实现政治抱负为目的。

15.19

孔子见齐景公，景公致廪丘以为养，孔子辞不受，出谓弟子曰：“吾闻君子当功以受禄，今说景公，景公未之行而赐我廪丘，其不知丘亦甚矣！”遂辞而行。

——《说苑·立节》

孔子谒见齐景公，景公送给他廪丘作为食邑。孔子谢绝了，出来后对弟子们说：“我听说君子有功而接受俸禄，现在我劝说景公听从我的主张，景公还没有实行，却要赏赐给我廪丘，他太不了解我了。”让学生们赶快套好车，告辞以后就走了。

无功不受禄，乱赏必坏政。孔子从齐景公轻率封赏这件事上，看出他不是一个明君，不是能让自己实施抱负的明君。既然这样，还不如走为上策。

15.20

孔子观周，遂入太祖后稷之庙。庙堂右阶之前，有金人焉，三缄其口，而铭其背曰："古之慎言人也，戒之哉！无多言，多言多败；无多事，多事多患。安乐必戒，无所行悔。勿谓何伤，其祸将长；勿谓何害，其祸将大；勿谓不闻，神将伺人。"

——《说苑·敬慎》

孔子在东周国都观览，进入周太祖后稷的庙内。庙堂右边台阶前有铜铸的人像，嘴被封了三层，还在人像的背后刻着铭文："这是古代说话谨慎的人。警惕啊！不要多言，多言多败；不要多事，多事多患。安乐时一定要警惕，不要做后悔的事。不要以为话多不会有伤害，祸患是长远的；不要以为话多没害处，祸患将是很大的。不要认为别人听不到，神在监视着你。"

领悟

孔子到洛邑学习考察，从一座金人的铭文中看出待人处世的基本道理，就是做事要谦虚谨慎，小心你的嘴巴，须知若无遮拦，经常会祸从口出。慎于言行，才能走得更远。

问政第十六

导读：孔子倡导入世的思想，修身是根本，其目的是为了齐家、治国、平天下。人的自身修养到家了，就要为社会所用。孔子的为政思想，是重用贤人，实行仁政，用仁德感化万民，用礼制培养百姓，如是则天下治。本篇主要内容选自《孔子家语》《礼记》《左传》等。

16.1

哀公问政于孔子。孔子对曰：“政之急者，莫大乎使民富且寿也。”公曰：“为之奈何？”孔子曰：“省力役，薄赋敛，则民富矣；敦礼教，远罪疾，则民寿矣。”

——《孔子家语·贤君》

鲁哀公向孔子请教为政之道。孔子说：“为政最急迫的，没有什么比得上使百姓富足和长寿的。”哀公说：“怎样做呢？”孔子说：“减少劳役，减轻赋税，百姓就会富足；敦促人们学习礼教，使他们远离罪恶和疾病，百姓就会长寿。”

对于国家来说，民生问题永远是第一位的。孔子的看法非常准，首先是要有强大的物质基础，使民富裕，民富则国强；要关心百姓的身心健康，这关系到社会建设的方方面面。

16.2

哀公曰：“敢问人道谁为大？”孔子愀然作色而对曰：“君之及此言也，百姓之德也，固臣敢无辞而对？人道政为大。”公曰：“敢问何谓为政？”孔子对曰：“政者正也。君为正，则百姓从政矣。君之所为，百姓之所从也。君所不为，百姓何从？”公曰：“敢问为政如之何？”孔子对曰：“夫妇别，父子亲，君臣严，三者正则庶物从之矣。”

——《礼记·哀公问》

鲁哀公问：“请问人道中哪方面最重要？”孔子神色肃然地说：“您考虑到这问题，是百姓的福分。臣怎敢无言对答呢？人道中政治最重要。”哀公问：“什么是为政之道呢？”孔子说：“政就是正。国君做得正，百姓就跟从做得正。国君的所作所为，是百姓的榜样。国君不这样做的话，百姓跟谁学呢？”哀公又问：“如何治理政事呢？”孔子说：“夫妇有分别，父子相亲爱，君臣相敬重。这三件事做得正了，其他事情就跟着做得正。”

领悟

孔子对国君的要求很高，因为他们是百姓的道德模范。国君身子站得正，百姓跟着站得正。但这个理念依然摆脱不了人治的色彩。如果这些人站不正，这个社会如何有办法叫他们必须站正呢？

16.3

哀公问于孔子曰：“夫国家之存亡祸福，信有天命，非唯人也？”孔子对曰：“存亡祸福，皆己而已，天灾地妖，不能加也。”

——《孔子家语 · 五仪解》

鲁哀公问孔子说：“国家的存亡祸福，是由天命决定的，不是人力所能左右的吗？”孔子回答说：“存亡祸福都是由人自己决定的，天灾地祸都不能改变国家的命运。”

一个国家、一个民族能否在世界上站稳脚跟，关键在人不在天。只要人心齐，上下一心，多难也能兴邦。

16.4

子路问于孔子曰：“贤君治国，所先者何？”孔子曰：“在于尊贤而贱不肖。”

——《孔子家语·贤君》

译文

子路问孔子说：“贤君治国，首要的事情是什么？”孔子说：“在于尊重贤人，轻视不贤的人。”

领悟

亲贤人、远小人，国家才能兴盛。

16.5

子曰：“善进，则不善无由入矣；不善进，则善无由入矣。”

——《晏子春秋·内篇问下》

译文

孔子说：“好人得以进用，不好的人就没有缘由进来了；不好的人得以进用，好人就没有缘由进来了。”

这是个导向问题。德才兼备的人得到重用，无才无德的人的空间就小。

16.6

子曰：“为人君者犹盂也，民犹水也。盂方水方，盂圜[①]水圜。”

——《韩非子 · 外储说左上》

译文

孔子说：“做君主的就好像盂，民众就像水。盂是方的，民众就是方的；盂是圆的，民众就是圆的。”

领悟

国君的导向和示范很重要，尤其是社会风气。好的导向和示范给社会带来的是正能量，这也对新时期宣传工作提出了新的紧迫要求。

16.7

子曰：“与其使民谄下也，宁使民谄上。”

——《韩非子 · 外储说左下》

① 圜：通“圆”。

孔子说："与其使人们讨好下级，不如使他们服从上级。"

这个"谄"字，不是谄媚的意思。这里是说，不该做的事去做也是"谄"。与其将单位弄成没有上下关系的"好模式"，还不如遵守一定的秩序，使上下级之间的关系清晰。

16.8

子曰："政宽则民慢，慢则纠之以猛。猛则民残，残则施之以宽。宽以济猛，猛以济宽，政是以和。"

——《左传·昭公二十年》

孔子说："施政宽和则百姓怠慢，就用严厉措施来纠正；施政严厉则百姓受伤害，就用宽和的方法。宽和用来调节严厉，反之亦然，政事因而和谐。"

领悟

这是孔子中庸之道在政治上的运用。我们老是犯这样的错误，在社会管理上，总是一放就松，一松就乱，一乱就管，一管就死，一死就放。如此循环往复，既损耗资源，又挫伤社会的积极性。

16.9

孔子过泰山侧，有妇人哭于墓者而哀，夫子式而听之，使子路问之曰：“子之哭也，一似重有忧者。”而曰：“然，昔者吾舅死于虎，吾夫又死焉，今吾子又死焉。”夫子曰：“何为不去也？”曰：“无苛政。”夫子曰：“小子识之，苛政猛于虎也。”

——《礼记·檀弓下》

孔子路过泰山，见一妇人在墓前哭得很伤心，便手扶车的横木，身子微向前倾听，并让子路去问那妇人：“听您的哭声，好像接二连三遭到不幸似的。”妇人说：“是啊。过去我的公爹被老虎咬死了，接着丈夫、儿子也被老虎咬死了。”孔子问：“为何不离开这里呢？”妇人说：“因这里没有繁重的徭役和赋税。”孔子对学生说：“你们记住，繁重的徭役和赋税，比老虎还厉害！”

苛政猛于虎，真是石破天惊，我们要从中得到启示才行。

16.10

子曰：“凶年则乘驽马，祀以下牲。”

——《礼记·杂记下》

孔子说：“凶荒年景，乘车要用差一等的马，祭祀用牲的规格也要降级。”

领悟

为政者应以人为本。国家经济状况不好，不应该铺张浪费；经济状况好时，也要厉行节约。

16.11

子曰：“政之不行也，教之不成也，爵禄不足劝[①]也，刑罚不足耻也。故上不可以亵刑而轻爵。”

——《礼记·缁衣》

孔子说：“政令不能推行，教化没有成效，是由于爵禄失当，不足以劝人向善；刑罚失当，不足以使坏人感到羞耻。所以君主不能随心所欲动用刑罚，不可随随便便颁发爵禄。”

领悟

无论是赏赐还是惩罚，都是为实施政事服务的。如果随随便便评先进，随心所欲惩罚人，社会风气哪会好呢？

① 劝：勉励使人向善。

16.12

孔子年五十六，由大司寇行摄相事，有喜色。门人曰：“闻君子祸至不惧，福至不喜。”孔子曰：“有是言也。不曰‘乐其以贵下人’乎？”

——《史记·孔子世家》

孔子五十六岁时，由大司寇代行国相职务，脸上有喜色。弟子们说：“听说君子祸临头不恐惧，福到来不喜形于色。”孔子说：“有这句话，但不是还有一句‘乐在身居高位而礼贤下士’的话吗？”

领悟

孔子是老来当官，掌握了大权，心里很舒畅。为什么呢？因为可以一展抱负了，并不是为取得以权谋私的至高权力而高兴。贤人当官，才能提拔贤人当官，道理很简单。

16.13

子曰：“推贤而戴者进，聚不肖而王者退。”

——《史记·商君列传》

孔子说：“推荐贤能，受到人民拥戴的人才会前来；聚集不肖之徒，即使能成就王业的人也会引退。”

“蓬生麻中，不扶而直”，说的是环境能够改变人。为政者能建立让贤人脱颖而出的机制，无德无才的人自然就没有了市场。

16.14

子曰：“君者，舟也；庶人者，水也。水则载舟，水则覆舟。”

——《荀子 · 王制》

译文

孔子说：“君主，好比船；百姓，好比水。水能载舟，水能覆舟。”

很多人以为“水能载舟，亦能覆舟”这句话是魏征原创的，其实孔子才是原创者。国家与人民是一对关系，既可以是正比的，当你爱民如子时，国民的力量是正比例；也可以是反比的，你剥削人民的力越大，反作用力就越大。

16.15

子曰：“家不藏甲，邑无百雉之城。”

——《公羊传 · 庄公二十四年》

孔子说："大夫家中不得收藏武器，大夫封邑不能有超过百雉的城墙。"

领悟

孔子当上了鲁国司法部长（大司寇），还代理总理（摄相），立马着手重建国家和社会秩序，一切都按照规定办事，谁的家中都不能拥有武器，家庭不能弄成封建堡垒与国家对抗。

16.16

子贡进曰："夫少正卯，鲁之闻人也。今夫子为政而始诛之，或者为失乎？"孔子曰："居，吾语汝以其故。天下有大恶者五，而窃盗不与焉：一曰心逆而险，二曰行僻而坚，三曰言伪而辩，四曰记丑而博，五曰顺非而泽。此五者有一于人，则不免君子之诛，而少正卯皆兼有之。"

——《孔子家语·始诛》

译文

子贡向孔子进言："少正卯是鲁国知名人士，现在您执掌朝政首先杀掉他，可能有些失策吧？"孔子说："坐下来，我告诉你杀他的缘由。天下称得上大恶的有五种，连盗窃行为也不包括在内：一是通达事理却又心存险恶，二是行为怪僻而又坚定固执，三是言语虚伪却又能言善辩，四是对怪异的事知道得过多，五是言论错误还要为之润色。这五种大恶，人只要有其中一种，就免不了被君子诛杀，而少正卯五种恶行样样都有。"

孔子任司法部长，首先是整肃社会风气，就像现在整顿网络谣言一样，将貌似达人其实是包藏祸心的少正卯杀了，就是为了形成良好的社会风气。

16.17

颊谷之会，孔子相焉。两君就坛，两相相揖，齐人鼓噪而起，欲以执鲁君。孔子历阶而上，不尽一等，而视归乎齐侯，曰："两君合好，夷狄之民，何为来为？"命司马止之。齐侯逡巡而谢曰："寡人之过也。"退而属其二三大夫曰："夫人率其君与之行古人之道，二三子独率我而入夷狄之俗，何为？"罢会。齐人使优施舞于鲁君之幕下。孔子曰："笑君者罪当死。"使司马行法焉，首足异门而出。齐人来归郓、讙[①]、龟阴之田者，盖为此也。

——《春秋谷梁传·定公十年》

齐国和鲁国两国国君在颊谷会见时，鲁国方面由孔子主持礼仪。两国国君走上祭坛，司仪相互行礼，周围的齐国人疯狂地叫喊起来，想来捉拿鲁君。孔子沿着祭坛的台阶疾步走上去，还没等走完最后一级台阶就回过头来，目光注视着齐景公说："国君相会应是融洽友好的，夷狄国家的野蛮人为何来到这里，究竟想干什么？"命令司马制

① 讙［huān］：古地名。

止他们。齐景公犹豫片刻，带着歉意说：“这是我的过错。”退下后责备身边的几个大夫说：“孔子陪着国君，和他一起履行古人的礼义，而你们却带着我陷入了夷狄的野蛮习俗，想干什么？”于是中止了与鲁君的会见。齐国人又派优施在鲁君的帐篷前跳舞。孔子说：“嘲笑国君的人，罪当处死！”就派司马执行这个法令，杀掉了优施，并把他的头和脚从不同的门带出去。此后，齐国人前来归还被占的郓、讙、龟阴这三块土地，大概是因为这件事吧。

孔子被称为万世师表，所以后世的人以为孔子是一个教书匠而已。其实，孔子不仅是政治家、思想家、教育家，还堪称军事家、外交家。颊谷之会，充分展示了孔子的政治谋略、军事手段和外交手腕。圣人之所以为圣人，因为他一通百通。

16.18

仲尼为政于鲁，道不拾遗，齐景公患之。黎鉏[①]谓景公曰：“去仲尼犹吹毛耳。君何不迎之以重禄高位，遗哀公女乐以骄荣其意。哀公新乐之，必怠于政，仲尼必谏，谏必轻绝于鲁。”景公曰：“善。”乃令黎鉏以女乐六遗哀公，哀公乐之，果怠于政。仲尼谏，不听，去而之楚。

——《韩非子 · 内储说下》

① 鉏［chú］：古同“锄”。

译文

孔子在鲁国执政，道不拾遗，齐景公对此感到忧虑。黎鉏对景公说："除去孔子就像吹掉一根毫毛那样容易。您何不用优厚的待遇和高贵的地位去迎聘孔子，送给哀公歌妓来惑乱他的意念。哀公得到新乐，必懈怠政事，孔子必然要劝谏，劝谏不听必然会离开鲁国。"景公说："很好。"于是令黎鉏将四十八个歌妓赠送给鲁哀公。哀公很喜欢，果然懈怠于政事。孔子劝谏，哀公不听，孔子就离开了鲁国去楚国。

领悟

从"孔子年五十六"那条开始，到这一条，可以说是"孔子相鲁"的素描。孔子为政三年，成果卓然，才惹来了齐国的反间计。用金钱美女做诱饵，始终是反间计屡试不爽的有效手段。

16.19

《诗》曰："执辔如组[①]。"孔子曰："审此言也，可以为天下。"子贡曰："何其躁也！"孔子曰："非谓其躁也，谓其为之于此，而成文于彼也。"

——《吕氏春秋·季春纪》

译文

《诗经》中说："手执缰绳驭马如同拿着丝带一样。"孔子说："明白这句话的含义，就可以治理天下。"子贡说："照诗句中所说的去做，

---

① 组：具有文采的宽丝带。

举止太急躁了吧？”孔子说：“这句诗不是说驭者动作急躁，而是说丝线在手中编织，而花纹却在手外成形。”

“执辔如组”，是说一个大力武士在领队舞蹈，手里拿马缰绳就像拿自己的帽子带一样，这么爱惜马匹。对马如此，对人可想而知。子贡只看到这乱哄哄的场面，未能看到里面的道德内涵。孔子从中看到了仁恕之道，懂得推己及人，己所不欲，勿施于人，就足够治理天下了。

16.20

哀公问于孔子曰：“寡人闻忘之甚者，徙而忘其妻，有诸？”孔子对曰：“此犹未甚者也，甚者乃忘其身。”公曰：“可得而闻乎？”孔子曰：“昔者夏桀，贵为天子，富有四海，忘其圣祖之道，坏其典法，废其世祀，荒于淫乐，耽湎于酒；佞臣谄谀，窥导其心；忠士折口，逃罪不言。天下诛桀而有其国，此谓忘其身之甚矣。”

——《孔子家语·贤君》

鲁哀公问孔子说：“我听说有忘事很严重的人，搬家时把妻子都忘掉了，有这种事吗？”孔子回答说：“这还不算严重，更严重的连他自己也会忘掉。”哀公说：“能说给我听听吗？”孔子说：“从前夏桀贵为天子，富有天下，但却忘记了他圣明祖先的为政之道，破坏了典章法制，废弃了世代相继的祭祀，放纵地淫逸享乐，沉迷于饮酒；佞臣阿谀奉承，揣摩诱导他的心思；忠臣闭口，为逃避罪责而不发表言论。

天下人起而灭桀，并占有了他的国家，这就是更严重的忘记自身啊！”

一个普通人，搬个家把老婆忘记了不算什么，最多是影响一家子。一个国君忘记了天下，忘记了百姓，这个影响就大了。人不能数典忘祖，否则就如桀纣。

16.21

子路为蒲大夫，辞孔子。孔子曰：“蒲多壮士，又难治。然吾语汝：恭以敬，可以执勇；宽以正，可以比众；恭正以静，可以报上。”

——《史记·仲尼弟子列传》

子路出任蒲邑的大夫，向孔子辞行。孔子说：“蒲邑勇武之士很多，又难治理。可是，我告诉你：恭谨谦敬，就可以驾驭勇武的人；宽厚清正，就可以使大家亲近；恭谨清正而社会安定，就可以用来报效上司了。”

领悟

子路是一个很有决断能力的人，这也是他的缺点。孔子告诫他上任后，要解决的依然是自身的问题，如果自己不依靠勇力办事，能恭敬处事，在哪里都能做好工作。

16.22

子贱治单父，弹鸣琴，身不下堂，而单父治。巫马期以星出，以星入，日夜不处，以身亲之，而单父亦治。巫马期问于子贱，子贱曰："我任人，子任力。任人者佚，任力者劳。"

——《韩诗外传 · 卷第一》

宓子贱治理单父，经常弹琴，很少迈出公堂，但单父被治理得很好。宓子贱的前任巫马期就不同了，每天披星戴月，日夜操劳，亲力亲为，在他的任期内，单父也治理得很好。后来巫马期去拜访宓子贱，询问其中的缘故。宓子贱说："我的办法是任用人才，你的办法是使用气力。靠一己之力的当然辛苦，任用人才的当然安逸。"

松下幸之助指出，管理员工百人，我身先士卒；员工千人，我督察管理；超过万人，我唯有祈祷。因此，做卓有成效的管理者，必须要有好的工作机制，加上用人得力，工作就轻松了。

16.23

子贡观于蜡[①]，孔子曰："赐也乐乎？"对曰："一国之人

① 蜡［zhà］：蜡祭，古代的年终祭祀。古代逢腊月就要围猎，以捕获的禽兽作牺牲祭祖宗，作为年终大祭。

皆若狂，赐未知其乐也。”子曰：“百日之蜡，一日之泽，非尔所知也。张而不弛，文武弗能也。弛而不张，文武弗为也。一张一弛，文武之道也。”

——《礼记·杂记下》

子贡观看蜡祭，孔子问：“你看出蜡祭给人们带来欢乐吗？”子贡答：“举国上下都像是在发酒疯，我看不出乐在何处？”孔子说：“人们辛勤劳作一年，才有这么一天享受，这是你体会不到的。让民众一味紧张而得不到放松，即使文王、武王也不能把天下治理好；让民众一味放松而不紧张，文王、武王也不会这么办。该紧张时紧张，该放松时放松，这才是文王、武王治理天下的办法。”

孔子认为，治理国家要坚守中庸之道，学习周文王、周武王的办法，宽严互相补充，交替使用。生活也是如此，生活的松紧和工作的劳逸要合理安排，这样才会充满情趣。

16.24

子曰：“参，女以明王为劳乎？昔者，舜左禹而右皋陶，不下席而天下治。”

——《尚书大传·卷三》

孔子说：“曾参，你以为明君很操劳吗？以前，舜帝时左有大禹、

右有皋陶辅助，不需要操劳而天下大治。”

领悟

治国理政的最高艺术，就是能建立让贤人脱颖而出的制度和机制，选贤任能，这样的话，天下就太平了，孔子所追求的尧舜时代也就不远了。

参考书目

1.《周易全译》，徐子宏译注，贵州人民出版社，1991年5月第1版
2.《潜夫论校注》，张觉校注，岳麓书社，2008年5月第1版
3.《韩诗外传研究》，于淑娟著，上海古籍出版社，2011年10月第1版
4.《七纬》， 钟肇鹏、萧文郁点校， 中华书局，2012年9月第1版
5.《新序校释》，石光瑛校释，中华书局，2001年1月第1版
6.《法言》， 钟敬译注，中华书局，2012年10月第1版
7.《孔丛子》，王钧林、周海生译注，中华书局，2009年10月第1版
8.《说苑校注》，向宗鲁校证，中华书局，1987年7月第1版
9.《战国策全集》，杨广杰、李绍雪注译，海潮出版社， 2010年12月第1版
10.《尚书大传逐字索引》，刘殿爵主编，香港商务印书馆，1994年
11.《墨子》，方勇译注，中华书局，2011年10月第1版
12.《列子》，景中译注，中华书局，2007年11月第1版
13.《礼记·孝经》，胡平生、陈美兰译注，中华书局，2007年12月第1版
14.《孟子》，万丽华、蓝旭译注，中华书局，2006年9月第1版
15.《荀子》，安小兰译注，中华书局，2007年12月第1版
16.《国语》，金良年导读、梁谷整理，上海世纪出版集团，2008年12月第1版
17.《论衡校注》，张宗祥校注、郑绍昌标点，上海古籍出版社，2010年3月第1版
18.《韩非子》，高华平、王齐洲、张三夕译注，中华书局，2010年6月第1版
19.《晏子春秋》，汤化译注，中华书局，2011年5月第1版
20.《春秋谷梁传》，承载撰，上海古籍出版社，2004年7月第1版
21.《春秋公羊传》，刘尚慈译注，中华书局，2010年5月第1版
22.《孔子家语》，孔祥金注释，内蒙古人民出版社， 2009年3月第1版
23.《孔子集语》，赵鹏俊译注，内蒙古人民出版社，2009年3月第1版
24.《汉书》，班固撰，中华书局，2012年4月第1版
25.《后汉书》，范晔，中华书局，2012年4月第1版
26.《论语》，钟雷主编，哈尔滨出版社，2004年4月第1版
27.《论语正义》，汉郑玄、清刘宝楠注，上海书店，1986年7月第1版
28.《孔子传》，杨佐仁、宋均平著，齐鲁书社，1999年9月第1版
29.《礼记今注今译》，王梦鸥注译，新世界出版社，2011年8月第1版
30.《论语》，朴秀豪主编，延边大学出版社，2005年4月第1版

31.《于丹〈论语〉心得》，于丹著，中华书局，2006年11月第1版
32.《论语》，张燕婴译注，中华书局，2006年9月第1版
33.《辜鸿铭讲〈论语〉》，辜鸿铭著，北京理工大学出版社，2013年1月第1版
34.《庄子》，胡仲平译注，北京燕山出版社，2011年6月第四版
35.《〈论语〉：中国人的圣书》，宋淑萍编著，中国友谊出版公司，2013年3月第1版
36.《子思子·曾子》，陈桐生译注，中华书局，2009年10月第1版
37.《史记》，李零等译，新世界出版社，2009年1月第1版
38.《吕氏春秋》，张双棣等译注，中华书局，2007年12月第1版
39.《孔子》，井上靖著、刘藜沙译，北京十月文艺出版社，2010年1月第1版
40.《左传》，杨伯峻前言、蒋冀骋标点，岳麓书社，1988年12月第1版
41.《白话四书五经》，程俊英等译，岳麓书社，1994年9月第1版
42.《春秋左传》，左丘明著，万卷出版公司，2008年5月第1版
43.《说文解字》，许慎著，中国戏剧出版社，2007年1月第1版
44.《史记》，司马迁著，岳麓书社，1988年10月第1版
45.《至圣孔子》，文景刚著，内蒙古人民出版社，2009年3月第1版
46.《孔子与曲阜》，曲阜市档案馆编，中国档案出版社，2003年7月第1版
47.《孔子家史》，孟继新著，远方出版社，2003年5月第1版
48.《大戴礼记汇校集注》，黄怀信主撰，三秦出版社，2005年1月第1版
49.《论语讲要》，李炳南讲述，长江文艺出版社，2011年5月第1版
50.《论语集注》，朱熹撰，齐鲁书社，1992年4月第1版
51.《孔子》，黎东方著，中国工人出版社，2010年2月第1版
52.《孔子传》，钱穆著，九州出版社，2011年7月第1版

主要参考网站

1.易文言网
2.古诗文网
3.中国孔子网
4.国学导航
5.国学网